essentials

Essentials liefern aktuelles Wissen in konzentrierter Form. Die Essenz dessen, worauf es als „State-of-the-Art" in der gegenwärtigen Fachdiskussion oder in der Praxis ankommt. *Essentials* informieren schnell, unkompliziert und verständlich

- als Einführung in ein aktuelles Thema aus Ihrem Fachgebiet
- als Einstieg in ein für Sie noch unbekanntes Themenfeld
- als Einblick, um zum Thema mitreden zu können

Die Bücher in elektronischer und gedruckter Form bringen das Fachwissen von Springerautor*innen kompakt zur Darstellung. Sie sind besonders für die Nutzung als eBook auf Tablet-PCs, eBook-Readern und Smartphones geeignet. *Essentials* sind Wissensbausteine aus den Wirtschafts-, Sozial- und Geisteswissenschaften, aus Technik und Naturwissenschaften sowie aus Medizin, Psychologie und Gesundheitsberufen. Von renommierten Autor*innen aller Springer-Verlagsmarken.

Stefan Marschall ·
Daniel C. Hagemann · Jonas Bongartz

Der Wahl-O-Mat

Stefan Marschall ⓪
Institut für Sozialwissenschaften
Heinrich-Heine-Universität Düsseldorf
Düsseldorf, Deutschland

Daniel C. Hagemann ⓪
Institut für Sozialwissenschaften
Heinrich-Heine-Universität Düsseldorf
Düsseldorf, Deutschland

Jonas Bongartz ⓪
Institut für Sozialwissenschaften
Heinrich-Heine-Universität Düsseldorf
Düsseldorf, Deutschland

ISSN 2197-6708   ISSN 2197-6716   (electronic)
essentials
ISBN 978-3-658-50804-3   ISBN 978-3-658-50805-0   (eBook)
https://doi.org/10.1007/978-3-658-50805-0

Die Deutsche Nationalbibliothek verzeichnet diese Publikation in der Deutschen Nationalbibliografie; detaillierte bibliografische Daten sind im Internet über https://portal.dnb.de abrufbar.

Springer VS ist ein Imprint der eingetragenen Gesellschaft Springer Fachmedien Wiesbaden GmbH und ist ein Teil von Springer Nature.
Die Anschrift der Gesellschaft ist: Abraham-Lincoln-Str. 46, 65189 Wiesbaden, Germany

Was Sie in diesem *essential* finden können

- Sie erfahren mehr über die Hintergründe und die Erfolgsgeschichte des bekanntesten Tools der politischen Bildung.
- Sie verstehen, wie ein Wahl-O-Mat Schritt für Schritt entsteht – von der Themenauswahl bis zum Online-Start.
- Sie lernen, wer den Wahl-O-Mat nutzt und welche Wirkung das Tool auf die politische Meinungsbildung und Beteiligung hat.
- Sie wissen mehr darüber, welches Potenzial der Wahl-O-Mat für die Wissenschaft hat.
- Sie erfahren, welche Entwicklungen den Wahl-O-Mat in Zukunft prägen werden.

Vorwort

Der Wahl-O-Mat ist ein Online-Angebot der Bundeszentrale für politische Bildung (bpb), das Wahlberechtigten hilft herauszufinden, welche Partei bei einer Wahl ihren politischen Ansichten am nächsten steht. Er hat sich in Deutschland innerhalb der letzten beiden Jahrzehnte zu dem prominentesten Angebot im Bereich der politischen Bildung entwickelt. Bei der Bundestagswahl 2025 ist der Wahl-O-Mat rund 26 Mio. Mal genutzt worden, seit seinem ersten Einsatz 2002 insgesamt bereits mehr als 150 Mio. Mal.

Angesichts dieser Erfolgsgeschichte ist die Zeit reif für ein Buch zum Tool. Der Essential-Band stellt sowohl eine Referenz für die wissenschaftliche Auseinandersetzung mit dem Wahl-O-Mat und Online-Wahlhilfen (Voting Advice Applications, VAAs) generell als auch ein praxisorientiertes Handbuch dar. Die Studie bietet detaillierte Einblicke in die Entstehung und Weiterentwicklung der Online-Wahlhilfe, zeichnet dessen historische Genese nach und bündelt aktuelle Forschungserkenntnisse zur Funktionsweise, Reichweite und Wirkung des Wahl-O-Mat. Auf Basis empirischer Daten zur Nutzung des Tools in den letzten Jahren und vor allem im Kontext der Bundestagswahl 2025 wird die Rolle des Wahl-O-Mat in der politischen Öffentlichkeit und der individuellen Entscheidungsfindung analysiert. Abschließend wird der Blick auf die Zukunft des Angebots gerichtet, auch mit Fokus auf potenzielle Herausforderungen infolge des politischen sowie gesellschaftlichen Wandels und auf den möglichen Einsatz von Künstlicher Intelligenz (KI).

Der Essentials-Band richtet sich an alle, die mehr über den Wahl-O-Mat wissen wollen – sei es, weil sie aus wissenschaftlicher Perspektive an dem Tool interessiert sind, sei es, weil sie aus dem Blickwinkel der politischen Bildung darauf schauen; oder weil sie neugierig sind, was hinter dem Wahl-O-Mat steckt. Das

Buch zielt somit auf eine Leserschaft[1] aus Wissenschaft, aus der Praxis politischer Bildung und – nicht zuletzt – auf alle, die politisch interessiert sind und mehr über den Wahl-O-Mat erfahren wollen.

Die Autoren sind Teammitglieder der Wahl-O-Mat-Forschung an der Heinrich-Heine-Universität Düsseldorf und beschäftigen sich mitunter seit Jahrzehnten mit Online-Wahlhilfen. Die Wahl-O-Mat-Forschung übernimmt regelmäßig im Auftrag der Bundeszentrale für politische Bildung Analysen und Evaluationen des Tool-Einsatzes. Sie ist zudem als wissenschaftliche Begleitung beteiligt an der Erstellung der einzelnen Versionen sowie an der generellen Weiterentwicklung des Wahl-O-Mat.

Wir danken allen, die an der Entstehung des Buches Anteil haben. Dem Springer-Verlag, insbesondere Dr. Jan Treibel, für die professionelle Kooperation und dem Wahl-O-Mat-Team der Bundeszentrale für politische Bildung für jede Form von Unterstützung. Bei der Erstellung des Manuskripts haben weitere Düsseldorfer Teammitglieder geholfen: Anja Meisen, Carolin Kretzer, Nelly Feldkircher und Samuel Rohmann. All diesen einen herzlichen Dank für ihre wertvolle Arbeit.

Stefan Marschall
Daniel C. Hagemann
Jonas Bongartz

---

[1] Es ist versucht worden möglichst geschlechterneutrale Formulierungen zu verwenden – mit einigen Kompromissen, wenn es der Lesefreundlichkeit dient, zum Beispiel bei zusammengesetzten Wörtern („Leserschaft"). Sämtliche Personenbezeichnungen beziehen sich gleichermaßen auf alle Geschlechter.

Competing Interests Die Autor*innen haben keine relevanten Interessens-konflikte im Zusammenhang mit dieser Publikation.

Inhaltsverzeichnis

Schnelleinstieg: Was ist der Wahl-O-Mat?

1.1   Der Wahl-O-Mat – eine „Voting Advice Application"

Der Wahl-O-Mat gehört zu einer Gruppe von Tools, die man als „Voting Advice Applications" (VAAs) bezeichnet. Der englischsprachige Ausdruck macht deutlich, dass es Tools wie den Wahl-O-Mat nicht nur in Deutschland gibt, sondern dass es sich hier um ein internationales Phänomen handelt.

Voting Advice Applications eint zunächst, dass es sich in der Regel um Online-Angebote handelt. Zwar gab und gibt es auch „Paper-Pencil"-Versionen von VAAs; allerdings hat die Erfolgsgeschichte der Tools ihren Anfang genommen, als diese Anwendungen digital wurden. Darüber hinaus eint VAAs ihre Funktionalität: Es handelt sich um Angebote, mit denen die Nutzenden ihre inhaltliche Nähe zu den zur Wahl stehenden Parteien oder Kandidierenden überprüfen können. Dazu müssen sie sich zu verschiedenen politischen Forderungen positionieren.

Der typische Fokus von VAAs liegt auf aktuellen Sachthemen und politischen Streitfragen, während Bewertungen vergangener Regierungsleistungen oder Einschätzungen zu den persönlichen Qualitäten von Kandidierenden in der Regel außen vor bleiben. Die Anwendungen gleichen die Positionen der Nutzenden mit denen der zur Wahl stehenden Personen oder Gruppen ab. Sie haben darüber hinaus ein spielerisches Element; nach der Beantwortung der Thesen wird das Ergebnis kalkuliert.

Eine weitere Gemeinsamkeit von VAAs ist ihre organisatorische Einbettung: Sie werden überwiegend von unabhängigen, nicht-parteigebundenen Organisationen entwickelt, die zu einem großen Teil aus der politischen Bildung oder der Wissenschaft stammen und keine kommerziellen Interessen verfolgen. Allerdings sind auch zunehmend Medienunternehmen in diesen „Markt" eingestiegen; in

© Der/die Autor(en), exklusiv lizenziert an Springer Fachmedien
Wiesbaden GmbH, ein Teil von Springer Nature 2026
S. Marschall et al., *Der Wahl-O-Mat*, essentials,
https://doi.org/10.1007/978-3-658-50805-0_1

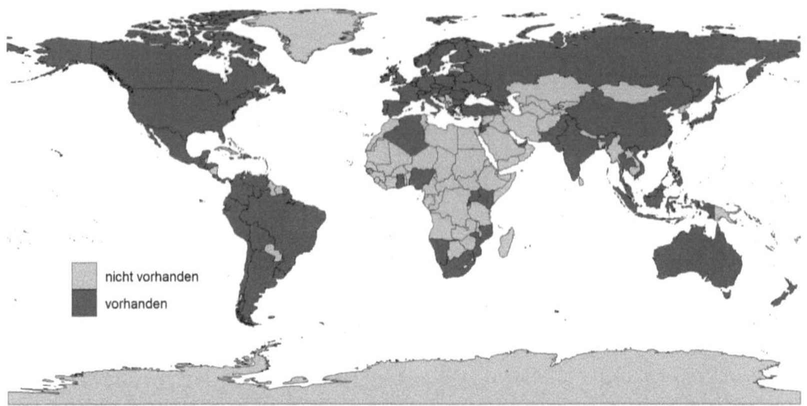

Abb. 1.1 Karte von Voting Advice Applications in verschiedenen Ländern. (Quelle: eigene Recherchen zur Verbreitung von VAAs; eigene Darstellung, erstellt mit den R-Packages von Massicotte und South 2025; South et al. 2024)

einigen skandinavischen Ländern werden die Tools vorwiegend von (Online-) Zeitungsverlagen bereitgestellt.

Voting Advice Applications haben sich inzwischen europa- und sogar weltweit etabliert (Abb. 1.1), in mehr als achtzig Ländern (Stand 2025). Unseren Erhebungen zufolge sind entsprechende Angebote in sämtlichen Mitgliedsstaaten der Europäischen Union zu finden. In manchen Ländern existieren mehrere Plattformen parallel: etwa in den Niederlanden mit dem Stemwijzer und dem Kieskompas.

Besonders in Mehrparteiensystemen, in denen den Wählenden eine Vielzahl parlamentarisch relevanter Parteien zur Auswahl steht, erfahren VAAs eine besonders starke Nachfrage – ebenso in Wahlsystemen, die auf individuelle Kandidierende ausgerichtet sind. Dies gilt insbesondere dann, wenn – wie im Fall der Schweiz – das Parteiensystem vergleichsweise schwach ausgeprägt ist und die Parteizugehörigkeit nur eingeschränkt Rückschlüsse auf die inhaltlichen Positionen der Kandidierenden erlaubt. All das erklärt die hohe Nutzung von VAAs in kandidatenzentrierten politischen Wahlsystemen, beispielsweise auch in den skandinavischen Ländern, und ebenso die Nachfrage in klassischen (Mehr-)Parteiendemokratien, allen voran in den Niederlanden. Dort haben schon mehr als die Hälfte der Wahlberechtigten vor dem Urnengang die dortigen VAAs konsultiert. Damit wird deutlich, welche Rolle Online-Wahlhilfen als Informationsquellen mittlerweile spielen.

Auch wenn es sich um eine Gruppe von Tools handelt, die einiges teilen, gibt es eine Reihe von Unterschieden zwischen den verschiedenen Voting Advice Applications (Garzia und Marschall 2019): Dies betrifft zunächst die Frage, wie die Thesen, die den Nutzenden vorgelegt werden, ausgewählt und formuliert werden. Manche Tools überlassen die Erstellung allein Expertinnen und Experten, während andere VAAs Parteivertreterinnen und -vertreter oder junge Erstwählende einbeziehen. Auch die Anzahl der Thesen variiert erheblich: Während der niederländische StemWijzer etwa 25 bis 30 Fragen anbietet, finden sich bei anderen Anwendungen Kataloge von bis zu 50 Aussagen und mehr. Der Schweizer Smartvote ermöglicht sogar die Wahl zwischen einer kürzeren und einer längeren Version von bis zu 75 Thesen.

Unterschiede bestehen auch darin, welche Parteien oder Kandidierenden berücksichtigt werden. Manche VAAs nehmen alle zur Wahl stehenden Parteien auf, während andere – wie der belgische De Stemtest – nur eine Auswahl präsentieren, meist basierend auf dem Kriterium, ob eine Partei bereits im Parlament vertreten ist. Inwiefern eine Einschränkung erforderlich ist, hängt stark von der Fragmentierung des jeweiligen Parteiensystems ab.

Die Antwortmöglichkeiten sind ebenfalls nicht einheitlich gestaltet. Einige Tools beschränken sich auf drei Optionen wie Zustimmung, Ablehnung oder Neutralität, während zunehmend Fünfer-Skalen Verwendung finden. Diese reichen üblicherweise von starker Zustimmung bis zu starker Ablehnung und bieten zusätzlich die Möglichkeit, „keine Meinung" anzugeben. Fast alle VAAs lassen außerdem zu, dass die Nutzenden einzelnen Fragen ein höheres Gewicht beimessen, sodass die persönliche Bedeutung bestimmter Themen in die Ergebnisberechnung einfließt; allerdings geschieht dies in unterschiedlichen Formen.

Gleichfalls folgt die Ermittlung der Parteipositionen verschiedenen Ansätzen. Manche Tool-Anbieter analysieren ausschließlich Wahlprogramme oder nehmen eine expertenbasierte Positionierung der Parteien vor; andere lassen die Parteien ihre Positionen selbst festlegen, wobei ihre Angaben ex post überprüft und gegebenenfalls korrigiert werden. Wieder andere überlassen den Parteien oder Kandidierenden die volle Kontrolle über ihre Positionierungen. Dies ist insbesondere dann üblich, wenn individuelle Kandidierende in einer Wahlhilfe vertreten sind, deren persönliche Haltungen nicht immer mit der offiziellen Parteilinie übereinstimmen und entsprechend weder darüber erhoben noch abgeglichen werden können.

Die Berechnung der Nähe zwischen Nutzenden und Parteien/Kandidierenden erfolgt schließlich auf der Grundlage unterschiedlicher mathematischer Verfahren. Häufig wird das Distanzprinzip genutzt, bei dem die Nähe zwischen Nutzenden- und Parteipositionen anhand von nominalen oder metrischen Abständen gemessen wird. Alternativ werden Übereinstimmungen gezählt oder Distanzen in einem mehrdimensionalen politischen Raum berechnet. Die Darstellung der entsprechenden Resultate reicht von einer simplen Rangliste, die die Parteien nach

Nähe zu den Nutzenden sortiert, bis zu grafischen Visualisierungen, bei denen die Positionen und Distanzen in einem mehrdimensionalen Raum abgebildet werden.

In den vergangenen Jahren sind Anwendungen entstanden, die als „Grenzgänger" bezeichnet werden können, die also neue Wege und Ansätze verfolgt haben, die über die enge Definition von Voting Advice Applications hinausgehen. So werden verstärkt Elemente Künstlicher Intelligenz verwendet, oder es wird geschaut, wie sich Parteien in der Vergangenheit, zum Beispiel in Abstimmungen im Bundestag, positioniert haben.

Im Rahmen der Verbreitung der Tools und ihrer steigenden Bedeutung für die Meinungsbildung und Entscheidungsfindung sind auch Fragen nach ethischen Standards aufgeworfen worden, die VAAs beachten sollten. Hierzu ist Mitte der 2010er-Jahre von einer Gruppe von VAA-Expertinnen und Experten die „Lausanne Declaration" verabschiedet worden, in der eine Reihe von „Regeln" festgehalten wurden, denen die Macher einer Online-Wahlhilfe folgen sollten (Garzia und Marschall 2014, S. 227).

Standard sollte es sein, Transparenz, Neutralität und wissenschaftliche Qualität in der VAA-Entwicklung und -Implementation zu sichern. Hierfür sollen die Betreiber der Tools offenlegen, wer hinter einem VAA steht, wie diese finanziert wird, aber auch, wie die Thesen ausgewählt und formuliert wurden und nach welchen Kriterien und mit welchem Algorithmus der Abgleich der Positionen stattfindet. Parteipolitische Neutralität ist dabei zentral: Weder die Thesen noch technische Verfahren sollen bestimmte Parteien oder politische Positionen bevorzugen. Zudem wird eine verständliche und methodisch fundierte Gestaltung der Thesen gefordert, um Verzerrungen und Desinformation zu vermeiden. VAAs sollen für alle Nutzenden leicht zugänglich und nachvollziehbar sein, und Parteien oder Kandidierende sollten – soweit möglich – aktiv eingebunden werden. Schließlich betont die Erklärung die transparente und eingängige Darstellung der Ergebnisse, damit Nutzende nachvollziehen können, wie ihre Übereinstimmungen berechnet wurden. Insgesamt versteht sich die „Lausanne Declaration" als Leitlinie für eine faire, nachvollziehbare und demokratisch verantwortungsvolle Nutzung und Entwicklung von VAAs wie dem Wahl-O-Mat.

1.2 Funktionsweise des Tools

Der Wahl-O-Mat ist eine typische Voting Advice Application. Er teilt die grundlegende Funktionalität der Tools. Zugleich gibt es eine Reihe von Spezifikationen, die den Wahl-O-Mat von anderen VAAs unterscheiden.

Zunächst konfrontiert der Wahl-O-Mat die Nutzenden mit einer – auf den ersten Blick – ungewöhnlichen Zahl an Thesen. Jede Version umfasst genau 38 Thesen, die in einem mehrstufigen redaktionellen Prozess entwickelt werden. Dass es genau 38 sind, hat historische Gründe (vgl. Kap. 3). An der konkreten Thesenerstellung ist eine Redaktion beteiligt, in der üblicherweise etwa 20 bis 25 Erst- und Zweitwählende gemeinsam mit dem Team der Bundeszentrale für politische Bildung (bpb) und Forschenden unterschiedlicher Fachrichtungen die Thesen entwickeln. Die Thesen decken unterschiedliche Politikfelder ab. Sie werden den Nutzenden in einer festen Reihenfolge präsentiert, bei der die thematische Abwechslung eine wichtige Rolle spielt. Die Nutzenden haben bei jeder These vier Reaktionsmöglichkeiten: entweder sie stimmen zu, stimmen nicht zu, votieren neutral oder überspringen die These (wodurch die These nicht in die Ergebnisberechnung einbezogen wird). Sie können bei Bedarf zu bereits beantworteten Thesen zurückspringen und gegebenenfalls ihre Antwort ändern.

Erst nachdem sich die Nutzenden positioniert haben, bietet der Wahl-O-Mat eine Gewichtungsoption an – also nicht während der Beantwortung der unterschiedlichen Thesen. Einzelne Forderungen, die nutzerseitig als besonders relevant eingestuft werden, können in diesem Vorgang markiert werden; dabei gibt es keine Obergrenze. Die markierten Thesen werden in der Berechnung doppelt gewertet.

Es schließt sich die Parteienauswahl an: Die Nutzenden haben die Möglichkeit, Parteien auszuwählen, die sie in ihrem Ergebnis wiederfinden wollen. Für jede Partei ist eine Kurzinformation hinterlegt. Die Parteien, die bereits im Parlament vertreten sind, werden besonders hervorgehoben. Die übrigen Parteien werden in der Reihenfolge aufgeführt, wie sie auf dem Wahlzettel erscheinen. Es besteht die Möglichkeit, alle Parteien in die Auswahl aufzunehmen. Einzelne Kandidierende werden vom Wahl-O-Mat nicht berücksichtigt, sondern nur Parteien, die mit einer Liste bei den Wahlen antreten – bei Bundestagswahlen in mindestens einem Bundesland.

Die Parteien haben im Vorfeld auf die 38 Thesen Rückmeldung gegeben und sich positioniert, ohne über die Option „These überspringen" zu verfügen; sie müssen zu allen 38 Thesen Stellung beziehen, um teilnehmen zu können. Zusätzlich können Parteien Begründungen für ihre Positionen einstellen. Die Rückmeldungen der Parteien werden von der jeweiligen Parteiführung autorisiert. Die Positionierung der Parteien wird keinem Abgleich mit in Wahlprogrammen dokumentierten Positionen der Parteien unterzogen. Ein Abgleich findet jedoch zwischen der jeweiligen Positionierung und Begründung statt.

Nach der Beantwortung aller Fragen erfolgt die Auswertung, bei der die Übereinstimmung der eigenen Positionen mit den Antworten der Parteien errechnet wird. Die Rechenmethode, die der Wahl-O-Mat verwendet, orientiert sich am

Tab. 1.1 Berechnungsverfahren der Ähnlichkeit zwischen Nutzenden und Parteien des Wahl-O-Mat. (eigene Darstellung)

		Nutzende		
		Stimme zu	**Neutral**	**Stimme nicht zu**
Partei	**Stimme zu**	2	1	0
	Neutral	1	2	1
	Stimme nicht zu	0	1	2

„City-Block"-Verfahren. Konkret: Für jede Übereinstimmung zwischen der Position einer Partei und der Ansicht der Nutzenden werden Punkte vergeben. Je größer die Übereinstimmung, desto mehr Punkte erhält die jeweilige Partei; bei Übereinstimmung werden zwei Punkte vergeben (Tab. 1.1). Die größtmögliche Differenz zwischen „stimme zu" und „stimme nicht zu" ergibt null Punkte. Bei geringeren Abweichungen, wenn also eine der verglichenen Positionen „neutral" ist, wird ein Punkt vergeben. Thesen, die von den Nutzenden als besonders wichtig markiert wurden, werden in der Berechnung doppelt gewichtet, sodass bis zu vier Punkte pro These möglich sind.

Das Resultat wird in einem Balkendiagramm visualisiert, das erkennbar macht, welche Parteien dem eigenen Meinungsprofil am nächsten stehen. Nachdem Nutzende ihr Ergebnis erhalten haben, können sie mit der Funktion „Tuning" weiter experimentieren. Dabei lässt sich die Gewichtung einzelner Thesen verändern, die Parteienauswahl anpassen oder die eigene Position überdenken. Jede Änderung wirkt sich in Echtzeit auf das Ergebnis aus. Eine weitere Vertiefungsoption ist der „Parteienvergleich". Hier können Nutzende ihre eigenen Positionen mit denen von bis zu drei Parteien direkt gegenüberstellen. Sichtbar werden dabei nicht nur Unterschiede zwischen Parteien und Nutzenden, sondern auch zwischen den Parteien selbst. Die Rubrik „Begründungen zur These" führt alle Parteipositionen samt Erläuterungen auf. Wer alle Positionen und Argumente einer Partei gesammelt sehen möchte, findet diese an einem Ort in der Rubrik „Standpunkte".

Der Wahl-O-Mat ist eingebettet in das Informationsangebot der Bundeszentrale für politische Bildung. So besteht die Möglichkeit, sich weitere digitale Angebote der bpb anzuschauen, zum Beispiel Dossiers zu den einzelnen Parteien. Zudem finden sich Links zu Unterrichtsmaterialien sowie zu generellen Informationen zu den Wahlen.

1.3   Wahl-O-Mat als Instrument der politischen Bildung und der Wissenschaft

Der Wahl-O-Mat ist – wie erwähnt – ein Angebot der Bundeszentrale für politische Bildung, die dem Bundesministerium des Innern unterstellt ist. Nach dem „Erlass über die Bundeszentrale für politische Bildung" vom 24. Januar 2001 verfolgt die bpb den Auftrag, „durch Maßnahmen der politischen Bildung Verständnis für politische Sachverhalte zu fördern, das demokratische Bewusstsein zu festigen und die Bereitschaft zur politischen Mitarbeit zu stärken" (bpb 2013). Der Wahl-O-Mat wird als ein Instrument der politischen Bildung eingesetzt: Er soll Informationen bereitstellen und zugleich die Auseinandersetzung mit politischen Inhalten anregen. Im Unterschied zu klassischen Vermittlungsformaten der politischen Bildung zeichnet sich der Wahl-O-Mat durch seine interaktiven und spielerischen Merkmale aus.

Wie lässt sich der Wahl-O-Mat in das Konzept politischer Bildung einordnen? Um dies zu verstehen, kann auf den „Beutelsbacher Konsens" referiert werden. Dieser wurde 1976 formuliert und hat paradigmatische Leitprinzipien der politischen Bildung in Deutschland aufgestellt: (1) Darstellung politischer Kontroversen, (2) keine Indoktrination („Überwältigung") und (3) Förderung der eigenständigen Urteilsbildung. Ziel politischer Bildung soll es sein, zu reflektierten Auseinandersetzungen mit politischen Themen zu befähigen.

Im Hinblick auf die Beutelsbacher Prinzipien lässt sich der Wahl-O-Mat folgend einordnen:

(1) Kontroversitätsgebot:

Durch die Auswahl unterschiedlicher Thesen und die Gegenüberstellung der Positionen aller Parteien versucht die Online-Wahlhilfe, politische Kontroversen abzubilden. Nutzende erhalten einen Überblick über verschiedene Sichtweisen, ohne dass eigene Wertungen vorgegeben werden.

(2) Überwältigungsverbot:

Der Wahl-O-Mat gibt ausdrücklich keine Handlungsanleitung für die Wahl und versucht Neutralität zu wahren. Beim angezeigten Ergebnis handelt es sich, so wird mehrfach im Tool betont, nicht um eine „Wahlempfehlung".

(3) Orientierungsgebot:

Das Tool unterstützt die Nutzenden darin, ihre eigenen politischen Präferenzen zu reflektieren und ein Bewusstsein dafür zu entwickeln, welche Partei ihre Positionen am besten widerspiegelt.

Es gibt Hinweise aus der Forschung, dass der Wahl-O-Mat in der Lage ist, diesen Ansprüchen weitreichend gerecht zu werden (Marschall und Israel 2014). Der Wahl-O-Mat ist jedenfalls ein ungewöhnliches Angebot im Rahmen der politischen Bildung, der in seinen Zielen der traditionellen Motivation der Bildungsarbeit folgt, aber zugleich neue Wege beschreitet.

Jenseits seiner Rolle als Angebot der politischen Bildung ist der Wahl-O-Mat auch wissenschaftlich relevant. Dieses Merkmal teilt er mit den anderen Voting Advice Applications. Tatsächlich hat es in den vergangenen Jahrzehnten international eine starke akademische Hinwendung zu Tools wie dem Wahl-O-Mat gegeben. Mit der Gründung eines VAA-Research-Network im Rahmen des European Consortium for Political Research (ECPR) im Jahre 2014 hat die VAA-Forschung eine international organisierte Plattform erhalten, die die forschungsbezogene Auseinandersetzung mit den digitalen Wahlhilfen intensiviert hat.

Dabei lassen sich zwei wissenschaftliche Zugriffe unterscheiden: Ein früher, aber immer noch aktiver Forschungszweig konzentriert sich auf die VAAs selbst, indem er deren Nutzende, die Gestaltung, die Methoden sowie die konkreten Auswirkungen der Tools auf unterschiedliche politische Phänomene untersucht, vor allem auf das politische Verhalten oder auf das politische Wissen. Dieser Ansatz ist durch die gestiegene Verbreitung und Nachfrage nach diesen Angeboten motiviert worden. Ein jüngerer Forschungsstrang nutzt VAA-Daten, um andere sozialwissenschaftliche Fragestellungen zu bearbeiten, etwa Veränderungen im politischen Raum zu analysieren, Parteiensysteme zu vergleichen oder die Herausforderungen politischer Repräsentation in sich wandelnden Gesellschaften zu untersuchen (vgl. Kap. 5).

Zur Intensivierung der Forschung speziell zum Wahl-O-Mat hat im Jahr 2010 die Etablierung einer Wahl-O-Mat-Forschungsstelle an der Heinrich-Heine-Universität Düsseldorf beigetragen, die sich, mitunter im Auftrag der Bundeszentrale für politische Bildung, aus wissenschaftlicher Perspektive mit dem Tool beschäftigt, darüber hinaus Studien erstellt und zugleich ein zentraler Knotenpunkt des europäischen VAA-Research-Network ist.

Eine kleine Geschichte des Wahl-O-Mat

2.1 Entstehung und Meilensteine

Der erste Einsatz des Wahl-O-Mat datiert zurück auf die Bundestagswahl 2002. Die Bundeszentrale für politische Bildung hatte diese allererste Version des Tools gemeinsam mit der „Politikfabrik", einer studentischen Initiative an der Freien Universität in Berlin, an den Start gebracht. Vorbild war der niederländische Stemwijzer, eine VAA, die bereits seit Mitte der 1980er-Jahre, erst als „Paper-Pencil"-Version und dann als Online-Angebot vom niederländischen Pendant der bpb, dem „Instituut voor Publiek en Politiek" (heute: Prodemos) entwickelt worden ist. Sowohl in Sachen Design als auch was den Content betrifft, handelte es sich beim ersten Wahl-O-Mat um eine Beta-Version. Der Erfolg und die hohe Nachfrage motivierten die Verantwortlichen der bpb, dieses Tool zu einem dauerhaften Bestandteil ihres Bildungsangebots zu machen.

Seit 2002 wurde der Wahl-O-Mat bei allen Wahlen zum Deutschen Bundestag eingesetzt. Der erste Einsatz bei Europawahlen fand im Mai 2004 statt. Seitdem ist der Wahl-O-Mat auch bei allen Wahlen zum Europäischen Parlament zur Anwendung gekommen. Seit 2009 gibt es in diesem Kontext immer wieder Kooperationen mit Anbietern anderer nationaler Wahlhilfen aus Mitgliedsländern der Europäischen Union, in den vergangenen Versionen im Rahmen des „Votematch"-Konsortiums.[1]

---

[1] Online abrufbar unter: www.votematch.eu.

Die erste Wahl-O-Mat-Version auf Landesebene wurde zur Landtagswahl in Bayern im September 2003 erstellt, gefolgt vom ersten Einsatz bei einer ostdeutschen Landtagswahl, in Sachsen, ein Jahr später. In den Jahren danach gab es eine Reihe von Landtagswahlen, die aus verschiedenen Gründen nicht Wahl-O-Mat-begleitet waren, ehe sukzessive die verbliebenen Länder dazukamen. Seit 2018 hat keine Wahl auf Landesebene mehr ohne einen im Vorfeld angebotenen Wahl-O-Mat stattgefunden. Mit dem Einsatz des Tools in Mecklenburg-Vorpommern gab es im Jahr 2021 in dem letzten bis dato „Wahl-O-Mat-freien" Bundesland eine erste Version.

Ein Vergleich zwischen dem ersten Wahl-O-Mat aus dem Jahr 2002 und den jüngeren Versionen zeigt frappant, wie sich das Angebot im Laufe der Zeit gewandelt hat.

Besonders augenfällig sind die Veränderungen im Oberflächendesign (Abb. 2.1): Während die erste Version von 2002 noch einen eher handgemachten Eindruck vermittelte, orientieren sich die folgenden Ausgaben an den jeweils aktuellen Gestaltungs- und Usability-Trends im Webdesign.

Veränderungen am Tool wurden zum einen kontinuierlich im Rahmen der Evaluation der jeweiligen Einsätze vorgenommen. Zum anderen gab es auch „Impulse" von außen, die zu einer Weiterentwicklung des Wahl-O-Mat geführt haben. So wurden zur Europawahl 2009 erstmals alle zur Wahl zugelassenen Parteien in die Online-Wahlhilfe aufgenommen. Bis dahin war es gängige Praxis, nur die bereits im Parlament vertretenen Parteien sowie solche zur Teilnahme einzuladen, die auf der Grundlage von aktuellen Umfragen gute Chancen hatten, in das jeweilige Parlament zu gelangen; als Daumenregel wurde die 3-Prozent-Grenze in der „Sonntagsfrage" festgelegt. Anlässlich der Landtagswahl in Bayern 2008 klagte die ÖDP gegen diese Einschränkung mit dem Argument, kleine Parteien würden systematisch benachteiligt. Das Verwaltungsgericht München gab der klagenden Partei erst einmal Recht – was dazu führte, dass der Wahl-O-Mat nicht wie geplant online gehen konnte. Das Verfahren wurde angepasst: Als Regel gilt seitdem, dass alle zur Wahl zugelassenen Parteien angefragt und in den Wahl-O-Mat einbezogen werden.

Durch diese Anpassung musste auch die Anzahl der Thesen neu festgelegt werden. Während zuvor stets mit bis zu 30 Thesen gearbeitet wurde, einigte man sich 2009 nach diversen Simulationen auf die Zahl von 38 Thesen, um die Unterschiede zwischen den Parteien möglichst deutlich herausarbeiten zu können. Diese Zahl hat sich seither bewährt und ist bis heute stabil geblieben. Seit 2009 haben die Parteien zudem die Möglichkeit, ihre Positionen mit Begründungen zu versehen – eine Option, von der im Laufe der Jahre immer häufiger Gebrauch gemacht wurde.

Abb. 2.1 Veränderungen im Oberflächendesign des Wahl-O-Mat, beispielhaft visualisiert. (Quelle: Website „Geschichte des Wahl-O-Mat",[2] ©bpb, verwendet mit freundlicher Genehmigung)

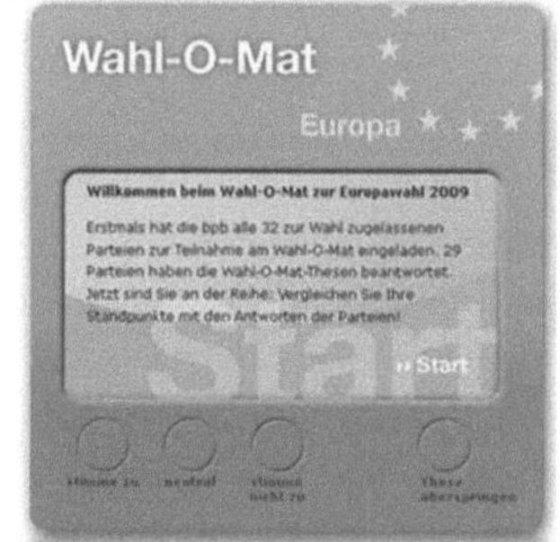

---

[2] Online abrufbar unter: https://www.bpb.de/themen/wahl-o-mat/geschichte-des-wahl-o-mat/.

Ein weiterer rechtlicher Impuls nahm Bezug auf die Begrenzung der Parteienauswahl, für die ein Ergebnis angezeigt werden konnte. Bis Anfang 2019 war diese Auswahl auf acht Parteien beschränkt. Dagegen klagte die Partei Volt im Vorfeld der Europawahl 2019. Infolgedessen musste der Wahl-O-Mat kurz vor der Wahl vorübergehend offline genommen werden. Erst nachdem die bpb im Rahmen einer außergerichtlichen Einigung zusicherte, den Parteienvergleich ab den Landtagswahlen im September 2019 ohne Einschränkungen zu ermöglichen, konnte das Tool wieder online gehen.

Seit dem Jahr 2011 steht der Wahl-O-Mat nicht mehr nur als Browser-Version zur Verfügung, sondern auch in Form einer App für Smartphones. 2019 und 2021 wurde das Tool um bestimmte Funktionalitäten erweitert, beispielsweise um den „Parteienvergleich" und das „Tuning" (vgl. Abschn. 1.2).

Seit 2014 wird zusätzlich zur digitalen Version der „Wahl-O-Mat zum Aufkleben" angeboten, der auf den Einsatz in öffentlichen Räumen und präsenzbasierten Bildungskontexten zugeschnitten ist. Dabei wird das Prinzip des Online-Tools in eine interaktive, haptische Form übertragen: Die Teilnehmenden markieren ihre Zustimmung oder Ablehnung durch das Platzieren von Aufklebern auf Plakatwänden, auf denen die Thesen gedruckt sind. Mittels eines Lochkartenscanverfahrens wird ihnen ein individuell berechnetes Ergebnis ausgedruckt. Die inhaltliche Substanz des Tools bleibt gleich: Auch die analoge Version umfasst 38 Thesen sowie die Positionen sämtlicher zur Wahl zugelassener Parteien. Der Wahl-O-Mat zum Aufkleben wird gezielt in Schulen oder an Orten mit hoher Publikumsfrequenz wie Marktplätzen oder in Einkaufszentren eingesetzt.

2.2   Entwicklung der Nutzendenzahlen

Die Nutzungszahlen sind ein guter IndikatOr dafür, welchen Stellenwert der Wahl-O-Mat in der deutschen Vorwahlöffentlichkeit gewonnen hat (Abb. 2.2). Diese Zahlen sind seit der ersten Version für alle Versionen auf Bundes- und auf Landesebene mit dem gleichen Standard erhoben worden und erlauben somit eine Analyse über die verschiedenen Ebenen und die Zeit hinweg.

Als „Nutzung" gilt ein vollständiger Durchlauf des Wahl-O-Mat bis zur Anzeige des Ergebnisses. Dieser Standard wird sowohl auf den Servern der Bundeszentrale für politische Bildung als auch bei den Medienpartnern angewandt. Eine „Unique User Session" ist dabei auf einen bestimmten Zeitraum festgelegt: Wird das Tool innerhalb dieses kurzen Zeitraums mehrfach gespielt, zählt dies dennoch nur als eine Nutzung. Spielt dieselbe Person den Wahl-O-Mat jedoch an verschiedenen Tagen erneut, werden diese Durchläufe jeweils als eigene Nutzungen erfasst.

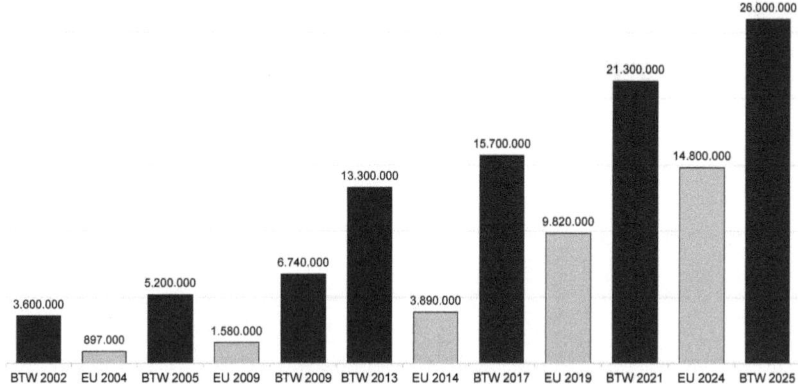

Abb. 2.2 Offizielle Nutzungszahlen des Wahl-O-Mat zu Bundes- und Europawahlen. (Quelle: Angaben der bpb; eigene Darstellung)

Daraus folgt, dass die Zahl der Nutzungen nicht unmittelbar mit der Zahl der tat-
sächlichen Nutzenden gleichzusetzen ist.

Zunächst zur Entwicklung auf der Bundesebene: Bereits bei seinem ersten Einsatz 2002 konnte der Wahl-O-Mat 3,6 Mio. Nutzungen erreichen. Zu diesem Erfolg
hat beigetragen, dass das Tool in der damals populären TV-Late-Night „Die Harald-
Schmidt-Show" gespielt worden ist. Aufgrund der spontanen Nachfrage an diesem
Abend fielen die Wahl-O-Mat-Server wegen Überlastung kurzzeitig aus. Im weiteren
Verlauf ist es von Bundestagswahl zu Bundestagswahl zu erheblichen Steigerungen
gekommen. Der größte Sprung hat 2013 stattgefunden, als die Nutzungszahlen verdoppelt wurden. Eine vergleichbare Entwicklung zeigt sich bei den Nutzungszahlen
zu den Europawahlen. Hier kam es zu zwei deutlichen Anstiegen: Sowohl von 2009
nach 2014 als auch zwischen 2014 und 2019 haben sich die Nutzungszahlen jeweils
mehr als verdoppelt. Allerdings bewegen sie sich insgesamt auf einem niedrigeren
Niveau als bei den Bundestagswahlen – im Einklang mit der üblicherweise geringeren Wahlbeteiligung bei den Wahlen zum Europäischen Parlament.

Bei den Landtagswahlen sind die Analyse und der Vergleich der Nutzungszahlen komplexer, allemal weil die jeweilige Anzahl der Wahlberechtigten, die den
Wahl-O-Mat nutzen könnten, deutlich voneinander abweicht. Zieht man die jeweils jüngste Wahl heran, lässt sich hochrechnen, dass zwischen 10 und 27 % der
Wahlberechtigten den Wahl-O-Mat zur jeweiligen Wahl genutzt haben. Die Tab. 2.1
zeichnet die Nutzungen und Entwicklungen im Laufe der Zeit und Land für
Land nach.

Tab. 2.1 Wahl-O-Mat-Nutzungszahlen bei Landtagswahlen. (Quelle: eigene Darstellung und Berechnungen auf Basis der Zahlen der bpb)

	1.WOM-Einsatz		Prozentuale Veränderung der Nutzungszahlen						jüngster WOM--Einsatz		Gesamtzeitraum
	Nutzungen	Jahr	Jeweils zur vorherigen Wahl						Nutzungen	Jahr	Nutzungen
BTW	3.600.000	2002	+44 %	+30 %	+96 %	+19 %	+36 %	+22 %	25.960.000	2025	91.693.000
EU	897.000	2004	+77 %	+145 %	+152 %	+51 %			14.800.000	2024	30.996.000
BAW	140.000	2006	+604 %	+88 %	0 %				1.862.000	2021	4.843.000
BAY	97.000	2003	+1116 %	+136 %	−6 %				2.950.000	2023	7.006.000
BER	145.000	2006	+256 %	+116 %	−8 %	−67 %			336.686	2023	3.137.686
BRA	121.000	2014	+159 %	+49 %					467.000	2024	902.000
BRE	49.000	2007	+116 %	+38 %	+73 %	−30 %			176.000	2023	730.000
HAM	94.000	2008	+235 %	+5 %	+3 %	+64 %			546.000	2025	1.620.000
HES	1.061.000	2018	+23 %						1.308.583	2023	2.369.583
MVO	306.000	2021							306.000	2021	306.000
NIE	215.000	2008	+181 %	+50 %					903.527	2022	1.722.527
NRW	313.000	2005	+108 %	+95 %	+106 %	−44 %			1.470.000	2022	6.316.000
RLP	74.000	2006	+316 %	+133 %	−14 %				616.000	2021	1.715.000
SAA	38.000	2004	+353 %	+16 %	−56 %				130.000	2022	637.000
SAN	47.000	2006	+938 %	−12 %					430.000	2021	965.000
SAX	72.000	2004	+293 %	+108 %	+14 %				674.000	2024	1.618.000
SHO	90.000	2005	+183 %	+120 %	−41 %				330.000	2022	1.237.000
THU	107.000	2014	+120 %	+81 %					426.000	2024	769.000
											158.582.796

Bis zu den Wahlen im Jahr 2021 hat es von Einsatz zu Einsatz in jedem Bundesland immer mehr Nutzungen als bei der jeweils davorliegenden Wahl gegeben. Die Zahlen der Jahre 2022 und 2023 sind schwankend, wohingegen in den Jahren 2024 und 2025 wieder wachsende Nutzungszahlen zu verzeichnen sind. Wenngleich die Gründe nicht ganz zu klären sind, könnte sich hierin auch die wechselhafte Entwicklung der Wahlbeteiligung und des politischen Interesses generell spiegeln. Auch mögliche Auswirkungen der Corona-Pandemie sind für den Zeitraum 2020 bis 2023 zu berücksichtigen.

Nachdem bislang vor allem die Nutzungszahlen im Fokus standen, richtet sich der Blick nun auf die Frage, wie viele Wahlberechtigte den Wahl-O-Mat tatsächlich nutzen. Nutzungszahlen und Nutzendenzahlen müssen, wie erwähnt, unterschieden werden. Für die gesamte Historie des Tools liegen hierzu jedoch keine durchgehend vergleichbaren Zahlen vor. Im Rahmen regelmäßig stattfindender Befragungen zu Bundestagswahlen, wie beispielsweise der German Longitudinal Election Study (GLES), ist die Frage nach der Nutzung von Online-Wahlhilfen nur unregelmäßig inkludiert worden (Albertsen 2022).

Die gestiegenen Nutzungszahlen haben jüngst dazu geführt, dass der Wahl-O-Mat in den Fokus von mehreren repräsentativen Umfragen gelangt ist. So findet sich eine Studie von YouGov aus dem August 2024, in der auf der Grundlage des quotierten unternehmenseigenen Panels ermittelt wurde, dass der Wahl-O-Mat von 48 % aller deutschen Wahlberechtigten schon einmal genutzt worden ist. 44 % gaben an, den Wahl-O-Mat noch nie verwendet zu haben (Sonnenberg 2024). Eine Forsa-Umfrage im Frühjahr 2025 spricht davon, dass 51 % aller Deutschen bislang schon einmal den Wahl-O-Mat genutzt haben (Wolf-Doettinchem 2025). Für die zu diesem Zeitpunkt noch bevorstehende Bundestagswahl gaben zudem 41 % der Befragten an, das Tool nutzen zu wollen.

In einer weiteren, repräsentativen Querschnittsbefragung, welche wiederum nach der Bundestagswahl 2025 stattfand und die von der Wahl-O-Mat-Forschung Düsseldorf durchgeführt wurde, berichteten 73,7 % der Befragten, das Tool zu kennen, und wiederum 58,3 % der Befragten gaben an, den wahl-O-Mat zur Bundestagswahl 2025 genutzt zu haben. Kurzum: Der Wahl-O-Mat scheint – darauf weisen die Studien hin – eine Mehrheit der Wahlberechtigten zu erreichen.

2.3   Eine Wahlhilfe auf lokaler Ebene: der „lokal-o-mat"

In den vorangegangenen Kapiteln standen VAAs für nationale und regionale Wahlen im Mittelpunkt. Aber auch im Vorfeld von Kommunalwahlen entstehen Informationsbedarfe für weite Teile der Bevölkerung. Gerade auf lokaler Ebene fällt das mediale Interesse an den Wahlen deutlich geringer aus als bei überregionalen Wahlen. Vielen Menschen fällt es schwer, sich über die Programmatik der einzelnen Parteien und Wählergruppen zu informieren. Die geringe Wahlbeteiligung auf der kommunalen Ebene verdeutlicht den Bedarf an niedrigschwelligen, aber zugleich mobilisierenden Bildungsangeboten nach dem Vorbild des Wahl-O-Mat.

Vor diesem Hintergrund wurde mit dem lOkal-O-Mat[3] 2014 erstmals das Wahl-O-Mat-Prinzip auf Kommunalwahlen übertragen. Anhand kommunalpolitischer Thesen konnten Nutzende ihre Positionen mit denen der zur Wahl stehenden Parteien und Wählergruppen abgleichen. Wie bei seinem überregionalen Vorbild, dem Wahl-O-Mat, wurde den Nutzenden auch beim lokal-o-mat ein prozentualer Übereinstimmungswert als Ergebnis angezeigt.

Entwickelt wurde die „erste Generation" des lokal-o-mat bis 2020 von der „Gesellschaft für Information und demokratische Beteiligung e. V.". An der Gesellschaft waren auch Mitglieder der Wahl-O-Mat-Forschung der Universität Düsseldorf maßgeblich beteiligt. Der Verein war dafür verantwortlich, dass unter anderem städtespezifische Versionen für Kommunalwahlen in Düsseldorf (2014), Wiesbaden (2016) und Kiel (2018) entstanden. Trotz der bereits vorhandenen Nachfrage blieb das Projekt in den ersten Jahren auf einzelne Städte beschränkt.

Die nordrhein-westfälischen Kommunalwahlen 2025 und die weiterhin niedrigen Beteiligungsquoten auf der kommunalen Ebene boten schließlich Anlass für einen lokal-o-mat der „zweiten Generation", diesmal erstellt von der Wahl-O-Mat-Forschung an der Universität Düsseldorf. Ziel ist es seither, unter Beteiligung der örtlichen Bevölkerung, möglichst vielen Menschen eine fundierte Orientierungshilfe im Vorfeld ihrer Wahlentscheidung zu bieten. Die Neuauflage des lokal-o-mat wird dabei nicht mehr nur in einzelnen Städten, sondern für mehrere Kommunen zeitgleich, im Rahmen der Kommunalwahlen in einem Bundesland, entwickelt. Die Funktionsweise ist im Vergleich zur ersten Generation des Tools gleich geblieben. Bei den Kommunalwahlen in Nordrhein-Westfalen 2025 sowie in Hessen 2026 sind Partnerschaften mit den jeweiligen Landeszentralen für politische Bildung geschlossen worden.

Wie beim Wahl-O-Mat (vgl. Abschn. 3.2) stützt sich auch die Entwicklung des lokal-o-mat auf einen mehrstufigen Prozess, in den die Erkenntnisse politikwissenschaftlicher Forschung zu VAAs einfließen. Insbesondere auf der regionalen Ebene muss der inhaltliche Zuschnitt spezifisch an die politischen Gegebenheiten der einzelnen Kommunen angepasst werden, um den Nutzenden einen Mehrwert zu

---

[3] Online abrufbar unter: https://lokal-o-mat.de/.

bieten. Ein weiteres Augenmerk liegt auf der spezifischen politischen Zuständigkeit der Städte und Gemeinden: Im lokal-o-mat sollen lediglich Politikfelder behandelt werden, in denen kommunale Akteure die Entscheidungskompetenz besitzen.

Im ersten Schritt des Entstehungsprozesses erfolgt eine tiefgehende Analyse der kommunalpolitischen Debatten, indem die Programme der in den Kommunalparlamenten vertretenen Parteien und Wählergruppen sowie die mediale Berichterstattung in den beteiligten Städten systematisch ausgewertet werden. Dies bildet die Grundlage für den zweiten Schritt: die Erstellung der Thesen für die jeweiligen lokal-o-mat-Versionen, die in einem mehrtägigen Redaktionsworkshop formuliert werden. Dieser findet unter Beteiligung von Jugendlichen aus den teilnehmenden Städten statt. Nach der Finalisierung der Thesen werden die antretenden Parteien und Wählergruppen gebeten, ihre Positionen zu den Forderungen zu hinterlegen.

Die Resonanz auf den lokal-o-mat zur Kommunalwahl 2025 in Nordrhein-Westfalen war groß. In den zehn Städten mit jeweils einer eigenen Version haben rund 420.000 Menschen das Tool genutzt. Je nach Einsatzort konnten dadurch schätzungsweise zwischen zehn und dreißig Prozent der Wahlberechtigten erreicht werden.

Im Rahmen einer begleitenden Befragung der Nutzenden sind die Motivation, der Erkenntnisgewinn und die Merkmale der lokal-o-mat-User untersucht worden. Die Ergebnisse deuten darauf hin, dass die Nutzerschaft des Tools in ihrer Zusammensetzung in vielerlei Hinsicht Parallelen zu jener des Wahl-O-Mat aufweist und auch die Wirkungen vergleichbar sind (vgl. Abschn. 4.2).[4]

Der lokal-o-mat ist nicht die einzige VAA auf lokaler Ebene in Deutschland. Weitere Tools, beispielsweise das Kommunalwahl-Navi, sind hier aktiv, mitunter auf Plattformen wie VOTO. Es finden sich zugleich zahlreiche Einzelinitiativen in Städten und Gemeinden. Da der Bedarf nach Online-Wahlhilfen bei den vielen Wahlen auf lokaler Ebene offensichtlich besteht, ist zu erwarten, dass sich die vielfältige VAA-Landschaft hier verstetigen wird.

---

[4] Online abrufbar unter: https://www.sozwiss.hhu.de/lokal-o-mat.

Making of – wie entsteht ein Wahl-O-Mat?

3

3.1 Der Wahl-O-Mat als Jugendtool

Der Wahl-O-Mat war von Beginn an ein Instrument, das sich in besonderer Weise an junge Menschen richtete. Als die Bundeszentrale für politische Bildung das Tool zur Bundestagswahl 2002 erstmals einsetzte, standen einige Fragen im Raum: Wie können junge Menschen, die noch wenig Wahlerfahrung haben, für politische Themen interessiert und für die Teilnahme an demokratischen Prozessen mobilisiert werden? Und wie kann ein Tool vor allem jungen Menschen Orientierung bei der Wahlentscheidung bieten, ohne als Wahlempfehlung verstanden zu werden?

Ein zentraler Schlüssel, um diese Herausforderungen zu bewältigen, liegt in der didaktischen Gestaltung des Wahl-O-Mat. Die Thesen sollen möglichst klar und verständlich formuliert werden, sodass sie auch für Erst- und Jungwählende ohne politische Vorkenntnisse zugänglich sind. Der Wahl-O-Mat ist zudem als interaktives Informationsangebot gestaltet, das Nutzende zur Auseinandersetzung mit politischen Positionen anleitet: Sie stimmen einzelnen Thesen zu oder lehnen sie ab, können bestimmte Themen stärker gewichten und ihre Antworten im Nachhinein justieren.

Diese Verbindung von Verständlichkeit und Interaktivität spiegelt sich im produktionsprozess: Junge Menschen sind bei der Erstellung jedes Wahl-O-Mat von Beginn an dabei und das seit der ersten Ausgabe im Jahr 2002. In Workshops diskutiert eine Gruppe aus Erst- und Zweitwählenden im Alter zwischen 16/18 (je nach Wahlalter) und 26 Jahren, über mögliche Thesen, bringt ihre Perspektiven ein und bereitet die Auswahlentscheidungen vor. Über mehr als 70 Wahl-O-Mat--Versionen hinweg haben so rund 1500 junge Menschen aktiv am Entstehungsprozess mitgewirkt. So wurde der Wahl-O-Mat nicht nur für, sondern auch mit

© Der/die Autor(en), exklusiv lizenziert an Springer Fachmedien Wiesbaden GmbH, ein Teil von Springer Nature 2026
S. Marschall et al., *Der Wahl-O-Mat*, essentials,
https://doi.org/10.1007/978-3-658-50805-0_3

Jugendlichen entwickelt. Das Tool erweist sich dadurch als Instrument politischer Bildung, das junge Menschen informiert, aber zugleich im Prozess der Erstellung in kritisches Denken und politisches Machen einführen möchte.

Zwar haben sich die Nutzungszahlen in einer derartigen Art und Weise vervielfältigt, dass der Wahl-O-Mat kaum noch als bloßes Tool für junge Menschen verstanden werden kann. Gleichwohl erreicht das Angebot immer noch einen beachtlichen Anteil junger Menschen – aber nicht ausschließlich (vgl. Abschn. 4.2).

3.2   Stufen des Produktionsprozesses

Wie bereits angedeutet, steckt hinter jedem fertigen Wahl-O-Mat ein komplexer Produktionsprozess, der viele Monate dauert und zahlreiche Akteure einbindet – von der bpb, als Herausgeber und Host des Tools, über wissenschaftliche Teams (Wahl-O-Mat-Forschung Düsseldorf und weitere Expertinnen und Experten), bis hin zu den Parteien selbst, die ihre Antworten beisteuern. In diesem umfangreichen Prozess lassen sich verschiedene Stufen unterscheiden.

Mit der Vorbereitung des Thesenworkshops, die etwa vier bis fünf Monate vor einer Wahl beginnt, startet die inhaltliche Arbeit. Kernstück ist dabei das „Lang--Dossier", in dem die Programme der Parteien recherchiert, systematisch ausgewertet und ihre Forderungen thematisch entlang von Bereichen wie Wirtschaft, Bildung, Inneres, Soziales und Umwelt gebündelt werden. Für das Lang-Dossier werden in der Regel mehrere hundert Seiten Wahlprogramme der im Parlament vertretenen Parteien analysiert, sodass dieses zuweilen selbst eine Länge von mehr als einhundert Seiten erreicht. Zusammen mit einer Kurzfassung, welche wesentliche Unterschiede und Gemeinsamkeiten zwischen den Parteien herausstellt, bildet das Dossier eine Grundlage für den Thesenworkshop. Darüber hinaus wird auch für die Klein- und Kleinstparteien, die zur Wahl antreten, ein umfangreiches Dossier erarbeitet.

Im zweiten Schritt kommen die zentralen Akteure des Wahl-O-Mat zusammen zum sogenannten Thesenworkshop. Ziel des Workshops ist die Erstellung von ungefähr 80 Thesen, der „Long-List". Ein Wochenende lang erarbeiten bpb--Vertreterinnen und -Vertreter, Forschende sowie ggf. Europa-, Bundes- oder Landes-Expertinnen und -Experten, zusammen mit den Jugendlichen, diejenigen Themen, die besonders relevant für die jeweilige Wahl erscheinen. Im Laufe des dreitägigen Workshops nähern sich die Teilnehmenden über die Identifikation der wichtigsten Themen den möglichen Thesen an. Die Thesen selbst müssen viele Kriterien erfüllen. Sie sollen relevant, verständlich, knapp, provokant und zugleich möglichst neutral formuliert sein. Im besten Falle sind Thesen so formuliert, dass sich Parteien unterscheidbar positionieren können und Nutzende unmittelbar zum Nachdenken und zur Stellungnahme angeregt werden, ohne einen manipulativen Charakter zu haben.

Die Parteien, die zur jeweiligen Wahl antreten, erhalten im dritten Schritt die 80 Thesen, die aus dem Workshop hervorgegangen sind. Sie müssen sich entweder mit „stimme zu", „neutral" oder „stimme nicht zu" positionieren und können die Entscheidung jeweils kurz begründen. Der Wahl-O-Mat setzt dabei bewusst auf die selbstständige Beantwortung der Thesen durch die Parteien, die ihre Positionen offiziell autorisieren müssen.

Im weniger bekannten vierten Schritt des Erstellungsprozesses, dem „Controlling", erfolgt ein mehrstufiges Qualitätssicherungsverfahren. Das Wahl-O-Mat-Forschungsteam prüft, ob die Antworten der jeweiligen Parteien konsistent sind: Stimmen Position und dazugehörige Begründung überein? Sind die Antworten der Parteien miteinander vergleichbar, oder positionieren sich Partei A und Partei B unterschiedlich, obwohl sie, ihrer Begründung zufolge, das Gleiche meinen? Vielleicht ist eine These inhaltlich falsch verstanden worden. Am Ende des Controlling-Prozesses wird das Ergebnis an die Parteien zurückgespielt – mit der Bitte, ihre Angaben gegebenenfalls zu korrigieren. Wichtig dabei: Die Parteien entscheiden in letzter Konsequenz selbst, ob ihre Antwort und Begründung verändert werden.

Der finale Schritt vor der Online-Schaltung des Tools ist der „Auswahlworkshop": Das Team aus dem Thesenworkshop kommt erneut zusammen und wählt aus den 80 Thesen diejenigen aus, die als besonders relevant eingestuft werden, vom Antwortverhalten am ehesten die Parteien unterscheiden und auch auf der Basis des Controllings geeignet scheinen. Um die Unterscheidungsqualität bei der Auswahl zu berücksichtigen, werden auch statistische Verfahren eingesetzt. Ziel ist es, 38 final passende Thesen zu identifizieren, die ein breites thematisches Spektrum abdecken und eine klare Unterscheidbarkeit zwischen den Parteien ermöglichen.

Parallel zur Laufzeit des Wahl-O-Mat wird eine im Vorfeld auf den jeweiligen Wahl-O-Mat angepasste, wissenschaftliche Befragung durchgeführt: Ein zufällig ausgewählter Teil der Nutzenden wird eingeladen, Fragen zu Nutzung und Effekten des Tools zu beantworten.

Wer nutzt den Wahl-O-Mat und wie wirkt er?

4

4.1 Einführung in Datenlage

Zentral zur Erforschung von Nutzung und Wirkung des Wahl-O-Mat sind die am Ende des vorherigen Kapitels bereits erwähnten, regelmäßigen Anschluss-befragungen, die seitens der Wahl-O-Mat-Forschung Düsseldorf konzipiert und in Abstimmung mit der bpb durchgeführt werden. Seit mehr als zwanzig Jahren wer-den Nutzende des Tools eingeladen, im Anschluss an die Nutzung des Wahl-O-Mat an einer wissenschaftlichen Studie teilzunehmen. Zwar ist die Befragtengruppe nicht repräsentativ; die Anschlussbefragungen erlauben aber aufgrund der gleich-bleibenden Erhebungsmethode wertvolle Aussagen über Entwicklungen und Trends mit Blick auf die Nutzerschaft des Wahl-O-Mat.

Ergänzt wurden diese Studien in den vergangenen Jahren durch diverse, dritt-mittelfinanzierte Projekte der Wahl-O-Mat-Forschung Düsseldorf,[1] die auf online--repräsentativen Befragtengruppen beruhten. Drei Mal geschah dies in Form von Mehr-Wellen-Panelbefragungen und jüngst als Nachwahl-Querschnittserhebung.

Bereits zur Europawahl 2014 wurde eine dreiwellige Online-Panel-Befragung durchgeführt, um Veränderungen in Wissen, Einstellungen und Wahlverhalten im zeitlichen Verlauf als Folge der Wahl-O-Mat-Nutzung zu messen. Zur Bundestags-wahl 2017 kam ein noch differenzierteres Panel-Design zum Einsatz: In vier On-line-Befragungswellen wurden mittels eines online-repräsentativen Samples

---

[1] Projektwebseiten online abrufbar unter: www.sozwiss.hhu.de/institut/abteilungen/politik-wissenschaft/politik-ii/forschungsprojekte. *Alle genannten Drittmittelprojekte wurden durch die Fritz Thyssen Stiftung gefördert. Der Stiftung gilt ein besonderer Dank für die großzügige Unterstützung.*

S. Marschall et al., *Der Wahl-O-Mat*, essentials, https://doi.org/10.1007/978-3-658-50805-0_4

Nutzung und mögliche Wirkungen des Tools über den gesamten Wahlzyklus hinweg untersucht, von der Phase vor der Online-Schaltung bis zwei Monate nach der Wahl. Auch 2021 lag der Schwerpunkt auf den Wirkungen des Wahl-O-Mat, diesmal vor dem Hintergrund der Corona-Pandemie und veränderter Kommunikations- und Informationsmuster, die erneut in Form eines vierwelligen Panels untersucht wurden.

Mit Blick auf die Bundestagswahl 2025 ist dieses Forschungsprogramm fortgesetzt worden. Das Projekt geht im Kern dem (fragilen) Vertrauen in Informationsangebote und demokratische Verfahren nach und setzt hierfür erstmals auf eine nach der Wahl durchgeführte Querschnittsbefragung eines für Alter, Geschlecht und Region repräsentativen Online-Samples.

Zusammengenommen wird es mit den vorgestellten Daten möglich, nicht nur Trends auf der Grundlage der Anschlussbefragungen zu erfassen, sondern auch ein aussagekräftiges Bild der Nutzenden des Wahl-O-Mat 2025 zu zeichnen, das detaillierte Einblicke über soziodemografische Merkmale hinaus ermöglicht. Letzteres ist besonders wichtig, da entsprechende Daten über die Wahl-O-Mat-Nutzenden weder jüngst noch regelmäßig für alle Wahlen vorliegen (Wurthmann et al. 2026).[2]

4.2   Die Nutzenden

Entwicklungen im Laufe der Zeit

Seit 2002 wurden insgesamt mehr als 150 Mio. Wahl-O-Mat-Nutzungen registriert und die regelmäßigen Anschlussbefragungen zeigen, wie sich die Nutzerschaft hinsichtlich ausgewählter Kennwerte im Laufe der Jahre verändert hat.

Die Abb. 4.1 veranschaulicht die Altersverteilungen bei den einzelnen Versionen und hebt dabei die Bundestagswahlen hervor. Die Darstellung illustriert die Attraktivität für zunächst primär junge Zielgruppen und zeigt auch die Tendenz, nach der der Wahl-O-Mat inzwischen für Wahlberechtigte aller Altersgruppen attraktiv ist. Diese Entwicklungen lassen sich nicht allein durch die Verbreitung des Wahl-O-Mat erklären, sondern spiegeln auch gesellschaftliche und technologische Veränderungen: Zum einen ist die Bevölkerung im Zeitverlauf gealtert (Statistisches Bundesamt 2024). Zum anderen hat sich die Zahl derjenigen, die im höheren Alter regelmäßig online sind, massiv ausgeweitet (van Eimeren und Frees 2005; Hager und Himmler 2025).

---

[2]Zur Bundestagswahl 2025 fand der Wahl-O-Mat im wiederkehrenden Panel der GLES in der Welle 31 (ZA10120) Beachtung. Diese Daten werden erst im Jahr 2026 zur Auswertung zur Verfügung gestellt.

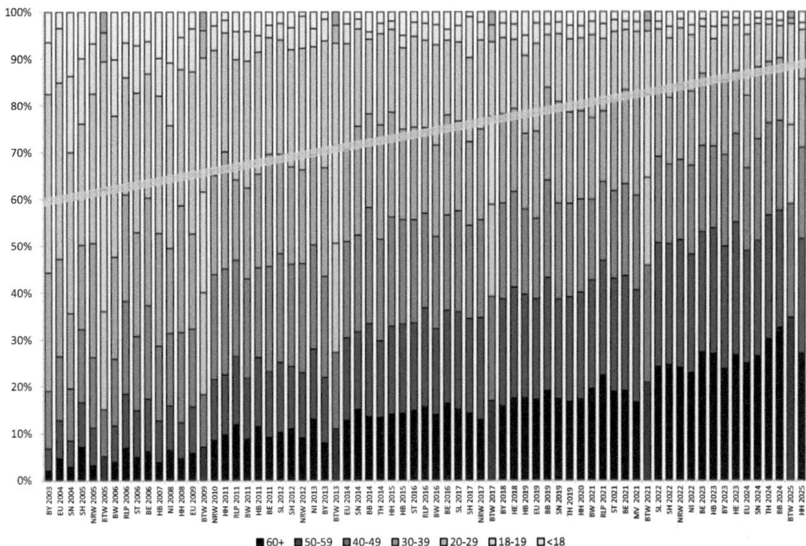

Abb. 4.1 Altersstruktur der Wahl-O-Mat-Nutzenden im Längsschnitt. (Quelle: Zahlen der Anschlussbefragungen des Wahl-O-Mat, 2003–2025; eigene Darstellung; Trendlinie visualisiert schematisch den Anteil <30-Jähriger)

Ein Blick auf die Geschlechterverteilung unter den Nutzenden des Wahl-O-Mat (Abb. 4.2) zeigt, dass das Tool in seinen Anfangsjahren deutlich stärker von Männern genutzt wurde. Bei der Bundestagswahl 2005 waren 44,1 % der Befragten weiblich und 55,9 % männlich. Im Laufe der Zeit verfestigte sich der Eindruck einer männlich dominierten Anwendung, wobei zugleich ein Trend hin zu einer zunehmenden Parität sichtbar wird.

Besonders bei bundesweiten Wahlen, also Europa- und Bundestagswahlen, lässt sich eine ausgewogenere Verteilung der Geschlechteranteile beobachten. Bei der Europawahl 2024 sind die Anteile von Männern und Frauen annähernd paritätisch und zur Bundestagswahl 2025 waren Frauen sogar erstmals in der Mehrheit.

Ein weiteres zentrales Merkmal der Wahl-O-Mat-Nutzenden betrifft deren formales Bildungsniveau. Auch wenn die Anschlussbefragungen, wie bereits erwähnt, Probleme hinsichtlich ihrer Repräsentativität aufweisen, sind die Ergebnisse und Entwicklungen im Längsschnitt aufschlussreich. Schon in den ersten Erhebungen zeigte sich, dass das Tool überdurchschnittlich stark von Menschen mit höherer formaler Bildung genutzt wird. Bei der Bundestagswahl 2005 gaben nur 37,5 % der Befragten eine niedrige oder mittlere Schulbildung an: Sie strebten einen

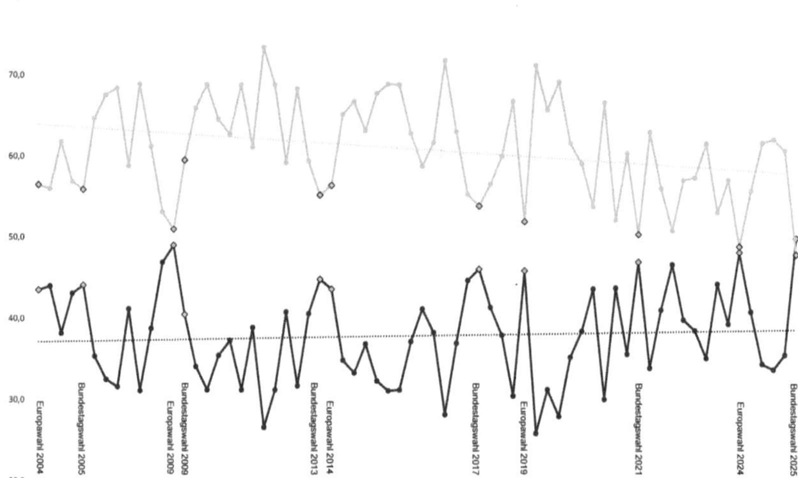

Abb. 4.2 Geschlechterverteilung der Wahl-O-Mat-Nutzenden im Längsschnitt, mit hervorhebung der Bundestags- und Europawahlen; seit der Landtagswahl in Bayern 2018 mit Abfrage der Option „divers". (Quelle: Zahlen der Anschlussbefragungen des Wahl-O-Mat, 2003–2025; eigene Darstellung)

Volks-/Hauptschulabschluss, beziehungsweise die Mittlere Reife/weiterführende Schule ohne Abitur an oder hatten diesen Abschluss bereits erreicht. Demgegenüber wiesen 61,3 % eine hohe formale Bildung auf, das heißt dass die Befragten das Abitur oder einen Hochschulabschluss erreicht hatten oder anstrebten.

Dieses Verhältnis hat sich seither verfestigt: 2017, 2021 und 2025 lag der Anteil der formal niedrig oder mittel Gebildeten jeweils bei rund 30 %, während jeweils etwa 70 % der Befragten eine hohe formale Bildung angaben. Dies weicht deutlich von dem Bevölkerungsanteilen ab: So hatte gemäß dem Zensus 2022 bundesweit nur circa ein Drittel der Bevölkerung (34,9 %) mindestens das Abitur (Statistische Ämter des Bundes und der Länder 2025). Der Wahl-O-Mat ist damit von Anfang an überdurchschnittlich stark von formal höher gebildeten Personen genutzt worden.

Schließlich zeigt sich, dass die Nutzerschaft des Wahl-O-Mat überdurchschnittlich politisch interessiert und engagiert ist. Seit der ersten Erhebung 2005 liegt das politische Interesse auf konstant hohem Niveau und ist über die Jahre noch leicht gestiegen: Während sich 2005 rund 80 % der Befragten ausdrücklich für Politik interessierten, waren es 2025 bereits 86 %. Dieses stabile und hohe Interesse unterscheidet die Wahl-O-Mat-Nutzenden deutlich von der Gesamtbevölkerung, in der die Anteile politisch Interessierter in der Regel deutlich niedriger liegen (Weßels 2024).

Das ausgeprägte politische Interesse der Wahl-O-Mat-Nutzerschaft spiegelt sich auch im politischen Verhalten wider. Eine deutliche Mehrheit gibt an, regelmäßig über politische Themen zu diskutieren: 2005 knapp 70 %, 2025 fast drei Viertel der Befragten (73,9 %). Auch beim formalen politischen Engagement, gemessen an einer Parteimitgliedschaft, zeigt sich dieses überdurchschnittliche Niveau, wenngleich die Anteile rückläufig sind (2005: 6 %, 2025: 4,9 %). Die Werte liegen konstant über dem Bevölkerungsdurchschnitt und sind über die Zeit, vergleichbar mit der allgemeinen Entwicklung der Parteimitgliedschaft in Deutschland, leicht gesunken (2005: 2,1 %, 2025: 1,6 %; vgl. Niedermayer 2020, 2025).

Nutzende im Jahr 2025

Nach den Langfrist-Trends, die vorwiegend anhand der regelmäßigen Anschlussbefragungen nachgezeichnet werden konnten, folgt nun ein Tiefenblick auf die Nutzung und Wirkung des Wahl-O-Mat, basierend auf Daten aus der Querschnittsbefragung zur Bundestagswahl 2025. Die Erhebung wurde quotiert nach Alter, Geschlecht und Region durchgeführt und erlaubt damit einen präziseren Blick auf die Zusammensetzung der Wahl-O-Mat-Nutzerschaft im Wahljahr 2025. Im Mittelpunkt steht die Frage, wer das Tool kennt und nutzt, insbesondere mit Blick auf Alter und Geschlecht, und welche sonstigen Merkmale die Nutzenden im Vergleich zur Gesamtbevölkerung auszeichnen.

In der Erhebung, die kurz nach der Bundestagswahl stattfand, wurden 2044 Personen befragt, wovon 1508 Personen angaben, den Wahl-O-Mat zu kennen. Das entspricht 73,7 %. Wiederum 1191 Personen berichten, das Tool zur Bundestagswahl 2025 genutzt zu haben; das sind 58,3 % der Befragten. Es muss davon ausgegangen werden, dass das Antwortverhalten dahingehend verzerrt ist, dass mehr Menschen angaben, sie hätten den Wahl-O-Mat genutzt, als es tatsächlich der Fall war.

Ein Blick auf die Altersstruktur der Wahl-O-Mat-Nutzerschaft im Jahr 2025 (Abb. 4.3) zeigt ein Profil an Nutzenden, das sich über alle Altersgruppen hinweg erstreckt. Am stärksten vertreten sind die 30- bis 49-Jährigen (38,2 %), gefolgt von den über 50-Jährigen (41,2 %), während die Gruppe der unter 30-Jährigen die vergleichsweise kleinste ist (20,6 %). Hält man die Anteile der Bevölkerungsdaten des Zensus 2022 daneben, zeigen sich derweil eine unterproportionale Nutzung durch die Ältesten sowie leichte Überrepräsentationen der jüngsten und mittleren Alterskohorten. Damit ergänzt die repräsentative Erhebung die in den Anschlussbefragungen beobachteten Tendenzen. Neben der schrittweisen „Alterung" der Nutzenden bleiben die User des Wahl-O-Mat also (vorerst) durchschnittlich jünger als die Bevölkerung Deutschlands.

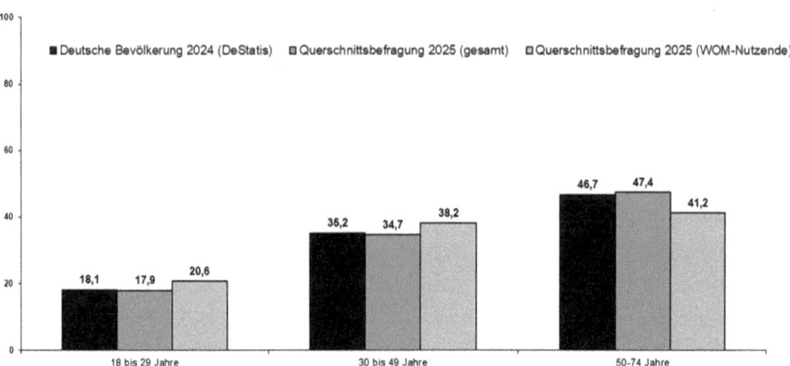

Abb. 4.3 Altersstruktur der deutschen Bevölkerung 2024, der Querschnitts-Befragten und der dortigen Wahl-O-Mat-Nutzenden 2025. Prozentangaben der Altersklassen zur deutschen Bevölkerung 2024 beziehen sich jeweils nur auf diejenigen Befragten, die zwischen 18 und 74 Jahre alt sind; die Querschnittsbefragung enthält nur Befragte aus dieser Altersspanne. (Quelle: Zahlen der Zensus-Befragung 2022, der Querschnittsbefragung 2025 und derjenigen, die dort angeben, den Wahl-O-Mat zur Bundestagswahl 2025 genutzt zu haben; eigene Darstellung)

Unter allen Befragten der Querschnittsbefragung sind insgesamt 49,5 % Männer und 50,2 % Frauen. Fragt man danach, wer den Wahl-O-Mat genutzt hat, verschiebt sich dieses Verhältnis: 52,2 % der Wahl-O-Mat-Nutzenden sind männlich, 47,6 % weiblich. Diese geringen Unterschiede verdeutlichen, dass der Gender-Gap bei der Nutzung des Wahl-O-Mat inzwischen merklich abgeschwächt ist.

4.3   Rolle und Effekte des Tools

Nun richtet sich der Blick auf die Effekte des Tools. Hierzu werden zunächst erneut die Daten der regelmäßigen Anschlussbefragungen zu den Bundestagswahlen ausgewertet, die seit 2005 Hinweise darauf geben, wie Nutzende den Wahl-O-Mat wahrnehmen. Daran anschließend werden die Ergebnisse der online-repräsentativen Befragung zur Bundestagswahl 2025 herangezogen, um zu prüfen, inwieweit sich Ergebnisse in beiden Datenquellen ähneln.

Im Mittelpunkt stehen Einschätzungen zur Wahrnehmung und Nutzungsweise des Tools: Hilft der Wahl-O-Mat dabei, Unterschiede zwischen den Parteien zu erkennen? Unterstützt er die eigene Wahlentscheidung und lenkt er die Aufmerksamkeit auf bislang unbeachtete Themen? Macht der Wahl-O-Mat Spaß? Ergänzend wird betrachtet, welche Nutzungsmotivation angegeben wird, also was Menschen dazu bewegt, den Wahl-O-Mat zu spielen. Abschließend wird untersucht, ob und in welchem Maße aktivierende Effekte zu finden sind: Regt die Wahlhilfe Gespräche im Freundes- und Familienkreis an? Motiviert der Wahl-O-Mat, sich weiter über Politik und Parteien zu informieren?

Seit dem ersten Einsatz des Tools gehört der Unterhaltungsfaktor (Abb. 4.4) zu den am höchsten bewerteten Aspekten des Wahl-O-Mat. Im Jahr 2005 gaben 93,6 % der Befragten an, dass ihnen die Nutzung Spaß gemacht habe. Seither ist dieser Wert leicht rückläufig, bleibt 2025 mit 78,4 % aber auf sehr hohem Niveau. Im Vergleich dazu fällt die Zustimmung in der online-repräsentativen Befragung 2025 mit 63,7 % niedriger, aber immer noch hoch aus.

Die Fähigkeit des Tools, politische Unterschiede zwischen Parteien sichtbar zu machen, wird über die Jahre hinweg zunehmend positiv bewertet. Während 2005 etwas weniger als die Hälfte der befragten Nutzenden dieser Aussage zustimmen (47,7%), lag der Anteil bei den jüngsten Bundestagswahlen bei ungefähr zwei Dritteln (2021: 69,7 %; 2025: 65,6 %). In der Querschnittsbefragung 2025 stimmen 52,7 % dieser Aussage zu, was niedriger liegt, aber generell bestätigt, dass die Mehrheit der Nutzenden den Wahl-O-Mat als Hilfsmittel zur Orientierung im Parteienspektrum wahrnimmt.

Auch der empfundene Nutzen für die persönliche Wahlentscheidung hat im Zeitverlauf zugenommen. 2005 sahen 40,1 % der Befragten im Wahl-O-Mat eine konkrete Entscheidungshilfe, 2021 waren es 56,1 %, 2025 schließlich 58,0 %. Im Vergleich dazu geben in der Querschnittsbefragung 39,7 % an, der Wahl-O-Mat habe ihnen bei der Wahlentscheidung geholfen – ein Wert, der erneut niedriger liegt. Alle Werte zeigen in der Gesamtbetrachtung, dass der Wahl-O-Mat für viele Nutzende eine relevante Stütze im Entscheidungsprozess vor Wahlen zu sein scheint.

Die Sensibilisierung für politische Themen durch den Wahl-O-Mat ist im Vergleich der unterschiedlichen Effekte zwar der geringste, bleibt über die Jahre aber konstant. Seit 2005 schwanken die Zustimmungswerte zu dieser Frage zwischen 44,4 und 54,1 % (2013), zuletzt lag der Wert bei 46,7 % (2025). In der Querschnittsbefragung bestätigen 41,6 % diesen Effekt.

Wird betrachtet, was Menschen zu einer Nutzung bewegt (Abb. 4.5), zeigt sich über die verschiedenen Bundestagswahlen hinweg ein stabiles Muster. Seit 2005 ist der mit Abstand häufigste Nutzungsgrund die Überprüfung der eigenen Standpunkte mit derjenigen Partei, die einem am nächsten steht (51,2 %). Im Jahr 2025 geben 61,7 % der Befragten dies als wichtigsten Nutzungsgrund an, was sich auch in der Querschnittsbefragung von 2025 mit 52,2 % als klar an erster Stelle wiedergegebene Antwort findet.

Der Wahl-O-Mat hat mir Spaß gemacht.

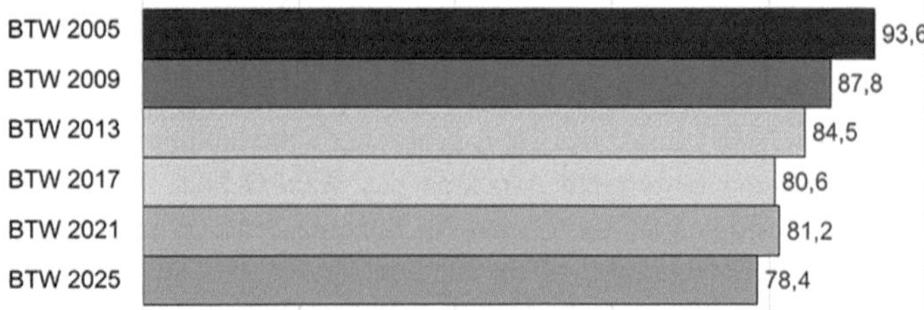

Der Wahl-O-Mat hat mir geholfen, Unterschiede zwischen den Parteien festzustellen

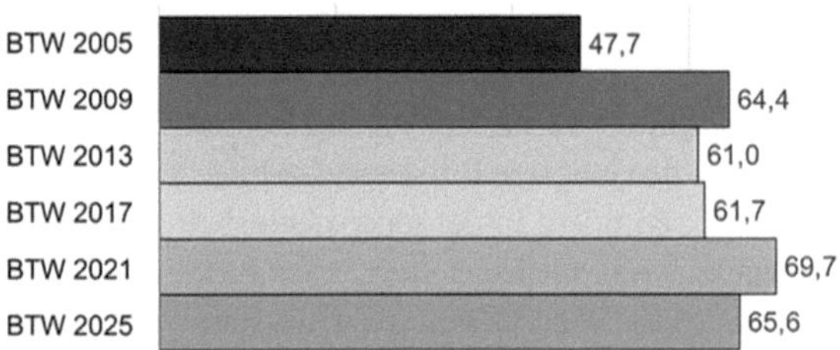

Der Wahl-O-Mat hat mir bei der Wahlentscheidung weitergeholfen.

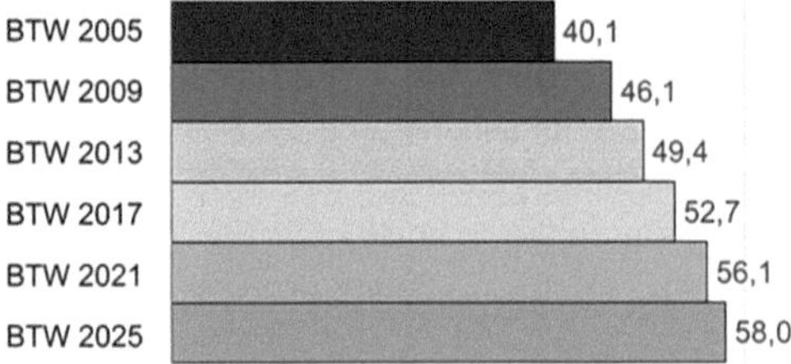

Der Wahl-O-Mat hat mich auf die Themen zur Bundestagswahl aufmerksam gemacht.

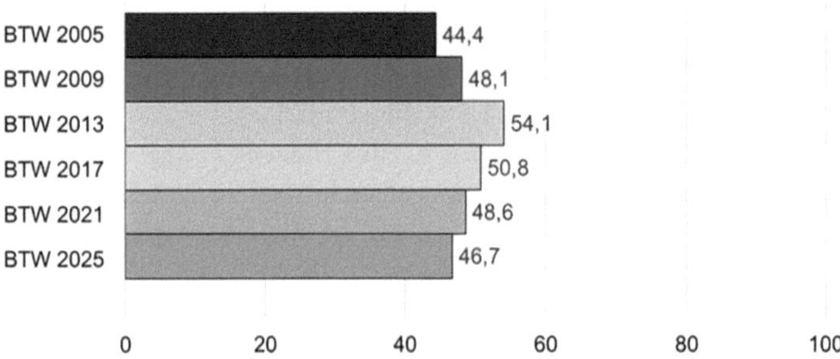

Abb. 4.4 Einschätzungen zur Wahrnehmung und Nutzung des Wahl-O-Mat. (Quelle: Zahlen der Anschlussbefragungen des Wahl-O-Mat, 2005–2025; eigene Darstellung)

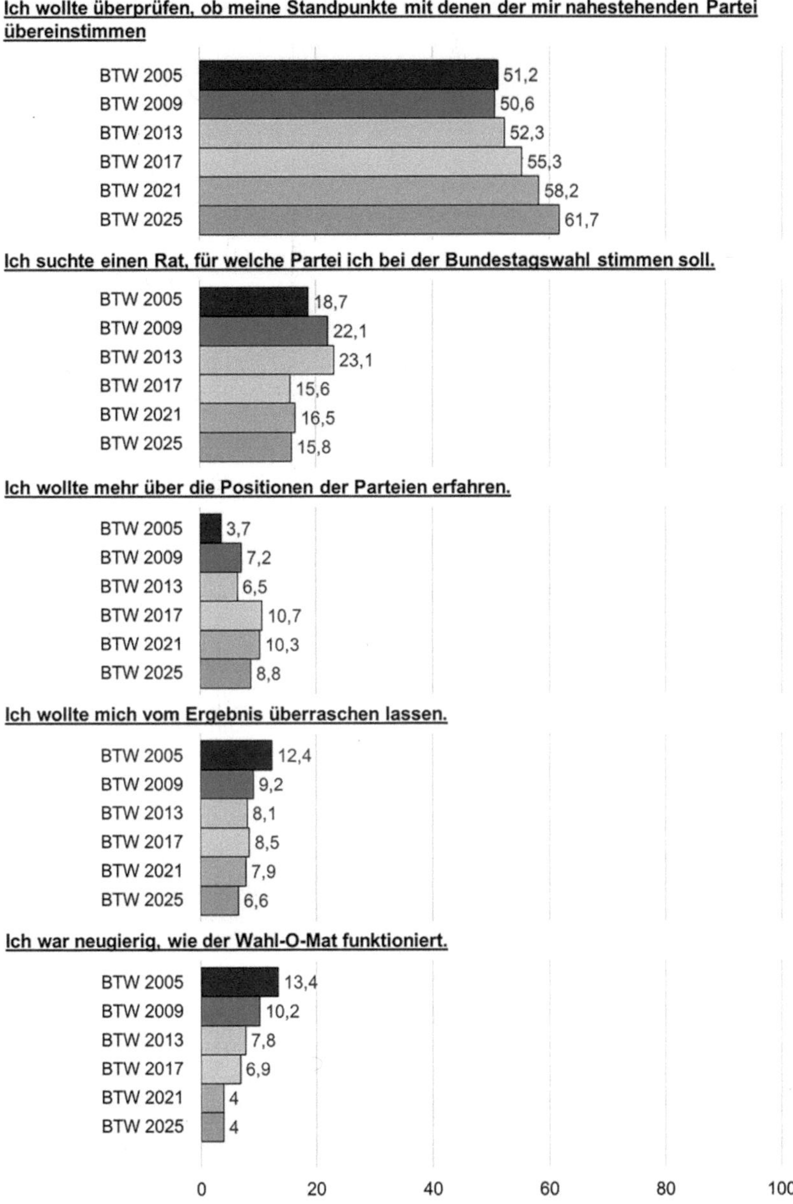

Abb. 4.5 Einschätzungen zur Motivation, den Wahl-O-Mat zu nutzen. Fehlende Werte zu 100 % in der Kategorie „Sonstiges". (Quelle: Zahlen der Anschlussbefragungen des Wahl--O-Mat, 2005–2025; eigene Darstellung)

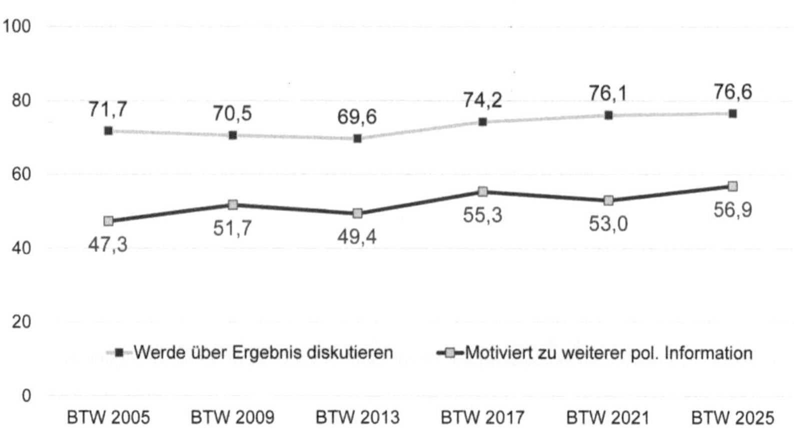

Abb. 4.6 Aktivierende Effekte der Wahl-O-Mat-Nutzung. (Quelle: Zahlen der Anschluss-befragungen des Wahl-O-Mat, 2005–2025; eigene Darstellung)

Es folgt, gleichwohl deutlich seltener, die Nutzung des Wahl-O-Mat, um aktiv nach Rat und Orientierung bei der Stimmabgabe für die eine oder andere Partei zu suchen. Ist dieser Grund bei den Anschlussbefragungen stets der am zweit-häufigsten genannte, zeigt die Querschnittsbefragung abweichende Muster: Mit 9,3 % landet die Orientierungssuche hier auf Rang drei. Für diejenigen, die den Wahl-O-Mat 2025 genutzt haben und an der Nachwahlbefragung teilnahmen, ist die Motivation, mehr über die Positionen der Parteien erfahren zu wollen, auf dem zweiten Rang der Nutzungsgründe (21,8 %).

In der Gesamtschau weniger häufig und auch im Trend sinkend werden spiele-rische, von Neugier getriebene Motive genannt. Der Anteil derjenigen, die sich vom Ergebnis überraschen lassen wollen, sank von 12,4 (2005) auf 6,6 % (2025), und auch die Neugier auf die Funktionsweise des Tools ging im gleichen Zeitraum von 13,4 auf 4 % zurück – Zahlen, die sich auch in der Nachwahlbefragung bestä-tigen (7,9 %, 6,6 %). Der Wahl-O-Mat ist für viele Nutzende nicht mehr neu, wo-durch die Neugier auf das Tool nachrangig geworden ist.

Auch im Hinblick auf mögliche aktivierende Effekte (Abb. 4.6) zeigt sich ein über die Jahre stabil hohes Niveau. In den vergangenen zwanzig Jahren geben je-weils circa 70 bis 77 % der Befragten an, sie hätten im Freundes- oder Fami-lienkreis über ihr Ergebnis gesprochen – ein Wert, der bei der Bundestagswahl 2021 mit 76,1 auf einen Höchstwert anstieg, um zur Bundestagswahl 2025 auf einen erneuten Höchststand von 76,6 % anzuwachsen. Etwas niedriger, aber eben-falls auf konstantem Niveau, liegt der Anteil jener, die der Aussage zustimmen, der

Wahl-O-Mat habe sie zu weiterer politischer Information motiviert: Von 47,3 % im Jahr 2005 steigt dieser Wert bis auf 56,9 % zur Bundestagswahl 2025, was abermals der Höchstwert im Zeitraum ist. Die Querschnittsbefragung bestätigt die Mobilisierungseffekte, wenngleich mit etwas niedrigeren Werten: 63,1 % der Befragten berichten, nach der Nutzung des Wahl-O-Mat 2025 über ihr Ergebnis gesprochen zu haben; 40,8 % fühlen sich zu weiterer Information motiviert.

Ein zusammenfassender Blick auf die Effekte des Wahl-O-Mat zeigt, dass das Angebot Spaß macht und zugleich bei der Wahlentscheidung hilft: zum einen, indem Themen ins Bewusstsein geraten, und zum anderen, indem Unterschiede zwischen Parteien klarer werden. Motive der Nutzung sind vielfältig, lassen sich aber hauptsächlich auf Informationsaspekte zurückführen. Der wichtigste Beweggrund bleibt die Überprüfung eigener politischer Positionen mit den nahestehenden Parteien – ein stabiler Befund, der über die Zeit hinweg kaum Veränderungen zeigt. Mit der Orientierungssuche und dem Kennenlernen der Parteipositionen sind weitere Informationsaspekte auf den Rängen zwei und drei zu finden, während Neugier- und Überraschungsmotive an Relevanz verloren haben. Die aktivierenden Effekte, die erst nach der Wahl-O-Mat-Nutzung wichtig werden, zeigen zudem, dass das Angebot motiviert, über Politik zu sprechen und sich weitergehend zu informieren.

Wie können Wahl-O-Mat-Daten wissenschaftlich genutzt werden?

5

5.1 Wahlhilfen als Datenquelle für die Wissenschaft

Der Wahl-O-Mat bietet nicht nur den Nutzenden einen Mehrwert – als Orientierungshilfe im Vorfeld einer Wahlentscheidung. Auch für die politikwissenschaftliche Forschung ist er als Untersuchungsgegenstand *und* Datenquelle ergiebig (Garzia und Marschall 2019). Der Nutzen aus wissenschaftlicher Perspektive ergibt sich zum einen aus den im Tool enthaltenen Informationen über die Positionen von Parteien, zum anderen aus der Möglichkeit, Erkenntnisse über die Eigenschaften der Tool-Nutzenden, ihr Informationsverhalten sowie die daraus entstehenden Wirkungen von politischen Informationsangeboten zu gewinnen. Dies ist ein enormer Vorteil gegenüber anderen Formen der Datengewinnung, bei denen oftmals nur auf eine der beiden Seiten, Parteien oder Wählerschaft, fokussiert wird.

Durch den regelmäßigen und flächendeckenden Einsatz des Wahl-O-Mat bei Wahlen auf verschiedenen Ebenen lassen sich darüber hinaus geografische und zeitliche Entwicklungen identifizieren. Das Tool kann der Forschung somit einen Rahmen bieten, innerhalb dessen Informationen sowohl über die Angebots- als auch die Nachfrageseite in der politischen Öffentlichkeit gewonnen werden können. Dadurch ermöglicht der Wahl-O-Mat Einblicke in zentrale Vorgänge der politischen Meinungsbildung, in die Wechselwirkungen zwischen den Positionierungen der Parteien und ihre potenzielle Wirkung auf die Wählenden bis hin zu Fragen der Koalitionsbildung.

Angebotsseite – Die Parteipositionen
Grundlage des Wahl-O-Mat sind die Positionen der zur Wahl antretenden Parteien zu einem ausgewählten Set an politischen Forderungen. Wie beschrieben, basiert der Wahl-O-Mat auf einem kooperativen Verfahren, in dem die teilnehmenden

© Der/die Autor(en), exklusiv lizenziert an Springer Fachmedien
Wiesbaden GmbH, ein Teil von Springer Nature 2026
S. Marschall et al., *Der Wahl-O-Mat*, essentials,
https://doi.org/10.1007/978-3-658-50805-0_5

Parteien ihre Positionen eigenständig autorisieren. Damit spiegeln die hinterlegten Angaben grundsätzlich die von den Parteien selbst vertretene und nicht die ihnen von Dritten zugeschriebene Programmatik wider. Dieses Vorgehen sieht sich jedoch mit dem Einwand konfrontiert, anfällig für strategisch verzerrte Antwortmuster zu sein: Parteien könnten ihre Angaben gezielt so justieren, dass eine möglichst hohe Übereinstimmung mit den Nutzenden erzielt wird (Gemenis und van Ham 2014). Dieser Gefahr versucht man beim Wahl-O-Mat mit verschiedenen Qualitätsmaßnahmen entgegenzuarbeiten (vgl. Abschn. 3.2).

Die auf diese Weise im Rahmen des Wahl-O-Mat gewonnen Daten bieten gegenüber anderen gängigen Methoden zur Erforschung von Parteipositionen, der Inhaltsanalyse von Parteiprogrammen (Manifesto Project Database) und der Befragung von Expertinnen und Experten (Chapel Hill Expert Survey), entscheidende Vorteile:

1. Umfang und Verfügbarkeit:

   Wahl-O-Mat-Daten können bereits im Vorfeld von Wahlen für wissenschaftliche Analysen genutzt werden. Zudem sorgen die hohen Nutzungszahlen des Tools für eine große Teilnahmebereitschaft bei den Parteien, sodass regelmäßig alle oder fast alle bei einer Wahl antretenden Gruppen in der Wahlhilfe vertreten sind. Gerade in Bezug auf Klein- und Kleinstparteien ergibt sich daraus eine einzigartige Datenvielfalt, die bei anderen Erhebungsmethoden aus forschungsökonomischen Gründen oft nicht gewährleistet werden kann.

2. Informationsgehalt:

   Die Daten des Wahl-O-Mat lassen unmittelbare Rückschlüsse auf die politische Programmatik der Parteien in verschiedenen Politikfeldern zu. Anders als bei anderen Datenquellen müssen die vorliegenden Informationen für eine Analyse nicht aufwendig aufbereitet oder interpretiert werden. Darüber hinaus decken die enthaltenen Thesen ein breites Spektrum politischer Themen ab, da Parteipositionen in einer Reihe von Politikfeldern erfasst werden.

3. Standardisierung:

   Beim Wahl-O-Mat stehen allen Parteien einheitliche Rahmenbedingungen zur Positionierung zur Verfügung. Dies erweist sich als methodische Stärke, da die im Kontext eines Wahl-O-Mat gewonnenen Daten unmittelbar vergleichbar und frei von verfälschenden Erhebungs- und Analyseeffekten sind. Unterschiede in den Positionierungen der Parteien lassen sich somit auf tatsächliche inhaltliche Differenzen zurückführen und etwa nicht auf unterschiedliche Themengewichtungen.

Die von anderen Datenquellen abweichende Informationsstruktur führt dazu, dass die im Kontext von VAAs gewonnen Daten als vergleichsweise valide eingestuft werden können. Somit bieten sie eine Alternative zu tradierten Informationsquellen der Parteienforschung (Ferreira da Silva et al. 2023). Entsprechend sind Wahl-O--Mat-Daten bereits für unterschiedliche Forschungsfragen der Politikwissenschaft herangezogen worden, die auf Parteipositionen bauen. Sie haben sowohl in der Parteienforschung (vgl. Abschn. 5.2) als auch in der Koalitionsforschung (vgl. Abschn. 5.3) Verwendung gefunden.

Nachfrageseite – Nutzende und Wählerschaft

Aufgrund der datensparsamen Funktionsweise des Wahl-O-Mat werden für die Seite der Nutzerschaft kaum Daten erhoben. So bietet das Tool weder auf individueller noch auf aggregierter Ebene eine Informationsquelle, um Aussagen über die Nutzerschaft und im zweiten Schritt über die Wählerschaft zu treffen.

Dennoch eignet sich die Online-Wahlhilfe aufgrund ihrer hohen Popularität in der Bevölkerung und ihrer standardisierten Funktionsweise ebenfalls als Rahmen, um weiterführende Informationen über die Nachfrageseite des politischen Systems zu generieren. Aus diesem Grund führt die Wahl-O-Mat-Forschung Düsseldorf die bereits dargestellten Anschlussbefragungen zur Wahrnehmung und Wirkung des Tools durch (vgl. Abschn. 4.1). Darüber hinaus konnten verschiedene repräsentative Befragungen, meist im Paneldesign über den Wahlzeitraum hinweg durchgeführt werden (vgl. Abschn. 4.1). Somit liegen aus dem Wahl-O-Mat-Kontext Datensätze vor, die die individuelle Nutzung solcher Tools und ihre Wirkung auf Einstellungen in den Blick nehmen lassen – also die Nachfrageseite. Aber auch die Kombination von Angebots- und Nachfrageseite ist möglich, zum Beispiel in Form der Gegenüberstellung der politischen Präferenzen von Parteien einerseits sowie der Wählenden anderseits.

5.2 Parteienforschung

Ziel eines jeden Wahl-O-Mat ist es, die Positionen der Parteien standardisiert zu erheben, um sie mit den Positionen der Nutzenden abzugleichen. Dafür bedarf es eines analytisch und theoretisch informierten Vorgehens, das politische Einstellungen messbar macht. Hierzu werden zentrale Themen einer Wahl in Thesen konkretisiert, die stellvertretend für unterschiedliche Dimensionen und Ausprägungen des gesellschaftlichen Diskurses stehen. Durch die Übersetzung politischer Konflikte in standardisierte Aussagen wird es möglich, die Programmatik der Parteien zu erfassen und vergleichbar zu machen. Anschließend wird das Antwortverhalten im Wahl-O-Mat in numerische Werte übersetzt, um den konkreten Grad an Übereinstimmung tarieren zu können. Der Wahl-O-Mat überführt somit qualitative politische Positionen und deren Beziehung zueinander in quantifizierte Informationen, in Daten.

Auch wenn der Wahl-O-Mat dies in seiner Ergebnisanzeige nicht aufgreift, steht hinter der Thesenstruktur und der Positionierung der Parteien zugleich auch ein räumliches Verständnis von Politik. Politische Unterschiede werden als Abstände zwischen Positionen verstanden. Politik wird als thematisch strukturierter Raum begriffen, in dem Akteure zueinander in Beziehung stehen.

Dies ist mit einer in der parteienforschung gängigen Analysestrategie kompatibel: der Verortung von Parteien innerhalb eines gemeinsamen Politikraums (Bräuninger et al. 2020). In westeuropäischen Parteiensystemen und Gesellschaften besteht dieser Raum in der Regel aus zwei Dimensionen, die in Form eines Koordinatensystems aufgespannt werden können (Hooghe et al. 2002). Damit die Wahl-O-Mat-generierten Daten eine Positionierung von Parteien zulassen, können die im Tool verwendeten Thesen den unterschiedlichen Achsen des Politikraumes zugeordnet werden. Somit fungieren die Thesen im Wahl-O-Mat wie eine Art politischer Fragebogen, den Parteien beantworten und mit dem sie letztlich ihre spezifische Position auf der entsprechenden Achse des politischen Raums bestimmen. So lässt sich jede Partei im politischen Koordinatensystem eindeutig verorten.

Mit diesem Vorgehen lassen sich Aussagen über die inhaltliche Ausgestaltung von Parteiensystemen auf verschiedenen Ebenen und deren veränderung im Zeitverlauf treffen (u. a. Linhart 2017; Graichen 2021). Darüber hinaus kann so untersucht werden, in welchen Politikfeldern Übereinstimmungen oder Differenzen zwischen Parteien bestehen (Wagschal und Waldvogel 2023). Liegen ergänzend Informationen über das Antwortverhalten der politischen Nachfrageseite, sprich der Nutzenden vor, können die anhand von VAA-Daten gewonnenen Positionen der Parteien denjenigen der Wählenden gegenübergestellt werden (Thomeczek et al. 2019). Der rationalistischen Logik räumlicher Politikmodelle folgend, eröffnet sich dadurch die Perspektive, die Entscheidungsprozesse rund um die Positionsfindung beider Akteursgruppen nachzuvollziehen. Erweist sich dieser Zweig zwar aktuell noch als ausbaufähig, bieten VAAs aufgrund ihres einheitlichen Positionierungsrahmens für beide Akteursgruppen erhebliches Potenzial, um eine geeignete Datenbasis für künftige Forschungsvorhaben zu schaffen.

Nichtsdestotrotz gehen mit der Struktur von VAA- und Wahl-O-Mat-Daten Probleme einher, welche die Aussagekraft darauf basierender Parteipositionen einschränken können. So berücksichtigt der Wahl-O-Mat keine unterschiedlich starke Gewichtung der abgefragten Themen durch die Parteien. Dadurch besteht die Gefahr, dass programmatische Unterschiede unter- respektive überschätzt werden. Darüber hinaus kann die Begrenzung der Antwortskala auf drei Abstufungen die Differenzierungsmöglichkeit einschränken. Ebenso wenig eignen sich die Daten uneingeschränkt für ein zeitliches Längsschnittdesign, da die Thesen, welche die Achsen des politischen Raums konstituieren, versionsspezifische Varianzen aufweisen und der Analyserahmen somit nicht kontinuierlich ist. Die bereits angesprochene Gefahr strategischer Positionierung durch Parteien muss hier ebenfalls erwähnt werden. Nichtsdestoweniger gilt: Trotz dieser Schwächen, die teilweise auch für andere Messmethoden gelten, sind VAAs wie der Wahl-O-Mat ein wertvolles Instrument zur Schätzung von Parteienpositionen geworden (König und Nyhuis 2020).

5.3 Koalitionsforschung

Die Wahl-O-Mat-Daten ermöglichen nicht nur eine präzise Analyse parteipolitischer Positionierungen, sondern auch ein tieferes Verständnis der Interaktionen zwischen Parteien. Gerade in parlamentarischen Mehrparteiensystemen, in denen stabile Regierungen selten von einer einzelnen Partei getragen werden, bieten sie eine wertvolle Grundlage, um Prozesse der Koalitionsbildung wissenschaftlich zu untersuchen.

Neben machtpolitisch ausgerichteten Erklärungsansätzen werden in der Koalitionsforschung üblicherweise policy-orientierte Theorien eingesetzt, die das Zusammenspiel der inhaltlichen Positionen von Parteien als Grundlage der Koalitionsbildung betrachten (Bräuninger und Debus 2024). Wie beschrieben, eignet sich die Struktur der Wahl-O-Mat-Daten für Forschungsvorhaben aus diesem Zweig der Politikwissenschaft, da diese Informationen über die inhaltliche Ausrichtung aller potenziell an einer Regierungsbildung beteiligten Parteien standardisiert bereitstellen.

Auf dieser Datengrundlage lässt sich überprüfen, ob tatsächlich gebildete Koalitionen auf Bundes- und Landesebene denjenigen Zusammenschlüssen entsprechen, die für die beteiligten Parteien den größten Nutzen, also die größte inhaltliche Nähe, versprechen und damit rational erklärbar sind (Linhart 2023). Insgesamt ermöglichen die Wahl-O-Mat-Daten somit, die programmatische Grundlage, die Entstehungskontexte sowie die Stabilität von Regierungsbildungen im Licht koalitionstheoretischer Ansätze zu analysieren (Graichen et al. 2024). Die entsprechenden Befunde können in Relation zu anderen möglichen Erklärungsansätzen, zum Beispiel macht- und amtsbezogenen Motiven wie dem Streben nach oder der Sicherung von Einflusspositionen, gesetzt werden.

Als potenzielle Einschränkung der Aussagekraft von Wahl-O-Mat-Daten ist jedoch der eigentliche Zweck der „Datenerhebung" zu berücksichtigen. Das Tool ist inhaltlich darauf ausgerichtet, Unterschiede zwischen den antretenden Parteien hervorzuheben, nicht aber die für die Koalitionsforschung relevanten Gemeinsamkeiten zu ermitteln. Daher ist es wenig überraschend, dass sich diese Daten insbesondere für die Analyse von weniger komplexen Zwei-Parteien-Koalitionen eignen (Graichen et al. 2021).

Im Hinblick auf die Koalitionsforschung bleibt festzuhalten, dass, auch wenn erste Untersuchungen bewiesen haben, dass der Wahl-O-Mat eine geeignete Datengrundlage darstellt (Linhart und Shikano 2015), seine Verwendung für diese Zwecke jedoch noch ausbaufähig ist.

5.4   Wirkungsforschung

Fernab der VAA-eigenen Parteidaten beeinflussen Angebote wie der Wahl-O-Mat die Meinungen, Einstellungen und das politische Verhalten der Nutzenden. Genau dafür werden diese Tools, im Sinne der politischen Bildung, letztlich entwickelt. Mittlerweile liegt eine Reihe von Studien vor, die VAA-Effekte auf die Informationssuche, politisches Lernen oder Wahlbeteiligung untersuchen und solche Wirkungen auch für den deutschen Kontext, am Beispiel des Wahl-O-Mat, nachweisen. Eine Übersicht bieten hierfür Munzert und Ramirez-Ruiz (2021).

Wissenschaftliche Erkenntnisse deuten an, dass Online-Wahlhilfen auf verschiedenen Wirkungsebenen ansetzen. Es zeigt sich, dass die Nutzung einer Wahlhilfe im Zusammenhang mit einer höheren Wahlbeteiligung steht und damit über die reinen kognitiven Effekte hinaus demokratiefördernde Wirkung entfalten kann (Marschall und Schultze 2012; Munzert et al. 2020). Gleichzeitig kommt es zu nachweisbaren Wissenszuwächsen: Nutzende können häufiger Parteipositionen korrekt benennen als Personen, die das Tool nicht genutzt haben (Schultze 2014; Munzert et al. 2020).

Häufig fungiert der Wahl-O-Mat als Einstieg in einen informierten Wahlprozess zu Beginn der heißen Wahlkampfphase, mal ist die Nutzung aber auch einer von vielen Aspekten inmitten des mehrwöchigen Informationsprozesses vor Wahlen. Wahl-O-Mat-Nutzende ziehen in Folge weitere Informationsangebote heran und intensivieren ihren politischen Medienkonsum (Wurthmann und Marschall 2023). Damit fungiert der Wahl-O-Mat über den unmittelbaren Parteienvergleich hinaus als Katalysator politischer Informationssuche.

Der Wahl-O-Mat regt dabei auch zur politischen Kommunikation an und weitet diese auf Gruppen aus, die sich ansonsten seltener über politische Inhalte austauschen (Hanel und Schultze 2014). Allerdings zeigt sich auch, dass die Nutzung des Tools und damit auch die Wirkungen systematisch mit höherem politischem Interesse und einer ausgeprägten Medienaffinität zusammenhängen (Wurthmann und Marschall 2023).

Generell zählt Bildung seit vielen Jahrzehnten zu den stärksten Prädiktoren für politisches Interesse, Wissen und Partizipation (Verba et al. 1995). Wie bereits im Abschn. 4.2 festgestellt: Wer ohnehin über mehr politisches Wissen und/oder hohe Bildung verfügt, ist eher bereit und in der Lage, Angebote wie den Wahl-O-Mat zu nutzen (Albertsen 2022; Wurthmann et al. 2026).

Hochgebildete Nutzende verwenden VAAs häufiger als Möglichkeit zur Bestätigung eigener Überzeugungen (van de Pol et al. 2014; Dieing 2025). Umgekehrt profitieren Nutzende mit geringerem Bildungsniveau oftmals stärker von den bereitgestellten Informationen, da das mitgebrachte Vorwissen geringer ist. Entsprechend sind die Mobilisierungseffekte – etwa das erstmalige Nachdenken über Politik oder die stärkere Auseinandersetzung mit Parteien – in dieser Gruppe besonders relevant (Manavopoulos et al. 2018; Israel et al. 2017). Hieran knüpfen auch Untersuchungen an, die zeigen, dass Personen mit höherem Bildungsgrad eher einen diffusen Einfluss von VAAs auf ihr Wahlverhalten wahrnehmen, während Personen mit niedrigeren Bildungsgraden wiederum größere Lerneffekte durch die Nutzung des Wahl-O-Mat berichten (Wurthmann et al. 2026).

Zusammengefasst: Die Erstellung und der Einsatz von Wahl-O-Mat-Versionen generieren Daten, die für verschiedene Zweige politikwissenschaftlicher Forschung hochergiebig sind. Sie bieten eine Grundlage zur Vermessung politischer Landschaften und zum Abgleich von politischen Positionen einschlägiger Akteure.

Die Zukunft des Tools 6

Die Zukunft von Online-Wahlhilfen wird geprägt sein sowohl von politisch-gesellschaftlichen als auch von technologischen Entwicklungen – gerade, weil es sich um ein kommunikationstechnisches Tool zur politischen Meinungsbildung handelt. Zum einen wird sich der Wandel des politischen Systems und der politischen Kultur in Deutschland im Wahl-O-Mat und seiner Nutzung reflektieren. Das Wahlverhalten und das Parteiensystem befinden sich in einem fundamentalen Veränderungsprozess: Die Zahl der im Parlament vertretenen Parteien wächst und ihre Stimmenanteile gleichen sich tendenziell an; zudem stellt sich das Aufkommen extremistischer Parteien als Herausforderung dar. Zum anderen stehen wir kurz hinter und weiterhin vor disruptiven Umbrüchen im Bereich der digitalen Transformation. Hierzu gehören insbesondere die Entwicklungen rund um die Künstliche Intelligenz. Dies wirft – aus technologischer Perspektive – neue Fragen für den Wahl-O-Mat auf (Marschall 2022).

Wahlen und Parteien im Wandel

Seit geraumer Zeit ist eine Veränderung des Wahlverhaltens zu beobachten, die auch für Online-Wahlhilfen wie den Wahl-O-Mat relevant sein kann. Langfristige Parteibindungen und stabile ideologische Präferenzen haben in den vergangenen Jahrzehnten an Bedeutung verloren. Kompensatorisch gewinnen kurzfristige Einflüsse – etwa die persönliche Bewertung von Kandidierenden, aktuelle politische Themen oder die Einschätzung der Kompetenz der Regierung respektive der Opposition – deutlich an Gewicht für die Wahlentscheidung. Die Frage, wem man seine Stimme bei einer Wahl gibt, wird häufiger kurzfristig beantwortet, und die individuelle Wahlentscheidung ist flexibler und stärker von situativen Faktoren abhängig als früher (Dassonneville 2023). Auf den Punkt gebracht: Wählende agieren zunehmend wählerischer und damit auch unberechenbarer. Das bedeutet zudem,

S. Marschall et al., *Der Wahl-O-Mat*, essentials,
https://doi.org/10.1007/978-3-658-50805-0_6

dass der Bedarf nach Orientierung und Information vor Wahlen gewachsen ist (Wurthmann und Marschall 2023). Dies spiegelt sich in der Nachfrage nach entsprechenden Informationsangeboten – auch nach digitalen Wahlhilfen.

Zugleich entwickelt sich das Parteiensystem in eine Richtung, die mehr Orientierung erfordert. Hier spielt zum einen die Fragmentierung eine Rolle: Immer mehr Parteien verfügen über reale Chancen, parlamentarisch vertreten zu sein, was die Unübersichtlichkeit des politischen Wettbewerbs deutlich erhöht. Zudem nimmt die Segmentierung des Parteiensystems ab. Parteien bilden zunehmend Koalitionen, die über traditionelle Lagergrenzen hinweg reichen – sowohl auf Landes- als auch auf Bundesebene. Das lässt die Unterscheidbarkeit zwischen den Parteien fragil werden.

Vor diesem Hintergrund gewinnen Instrumente an Attraktivität, die helfen, politische Standpunkte effizient zu vergleichen und eigene Präferenzen mit den Positionen der Parteien in Beziehung zu setzen. Digitale Wahlhilfen – wie etwa der Wahl-O-Mat – erfüllen genau diese Funktion: Sie ermöglichen es den Nutzenden, programmatische Differenzen zwischen den Parteien zu erkennen, ohne dass dafür eine eigenständige, zeitaufwendige Analyse der Wahlprogramme erforderlich wäre (Marschall und Schultze 2015). Aus diesen Gründen ist damit zu rechnen, dass die Nutzungszahlen von Tools wie dem Wahl-O-Mat in Zukunft eher noch zunehmen als abnehmen werden.

Während die Entwicklungen der Fragmentierung und Segmentierung den Rückgriff auf solche Angebote wahrscheinlicher und sinnvoller machen, gibt es einen weiteren Trend, der für Online-Wahlhilfen relevant und zugleich herausfordernd ist: die zunehmende Polarisierung durch Parteien der politischen Ränder. Hier stellt sich die Frage, welche Rolle Tools wie der Wahl-O-Mat bei der Aufklärung über populistische und extremistische Parteien respektive ihrer Etablierung spielen.

Der Wahl-O-Mat lädt alle Parteien, die zu einer Wahl zugelassen werden, zur Teilnahme ein – also auch Parteien, die als extremistisch eingestuft wurden, aber noch nicht verboten worden sind. Die Herausforderung ist es, im Rahmen der Nutzung der Wahlhilfe solche Parteien als das zu markieren, was sie sind, und zu keiner Normalisierung dessen beizutragen, was nicht als normal betrachtet werden sollte. Dies wird dann ein Thema, wenn die im Wahl-O-Mat abgebildeten Thesen bestimmte Themenbereiche berühren, in denen die Radikalität einer Partei nicht unmittelbar erkennbar ist und damit Nähe zwischen Wählenden und Parteien vermittelt wird, die es in der Gesamtschau nicht gibt.

Diese Herausforderung wird zukünftig dann stärker werden, wenn sich extremistische Parteien zunehmend einer Strategie bedienen, die ihre demokratiefeindliche Qualität nicht ohne weiteres erkennen lässt. Hierauf müssen Tools wie der

Wahl-O-Mat reagieren, damit sie am Ende nicht „Wahlempfehlungen" generieren, die für die demokratische Kultur problematisch sind.

Wahl-O-Mat und Künstliche Intelligenz

Neben dem gesellschaftlichen und politischen Wandel stellt die technologische Entwicklung Herausforderungen an Tools wie den Wahl-O-Mat. Künstliche Intelligenz und Sprachmodelle haben das Potenzial, Voting Advice Applications grundlegend zu verändern. Dabei sind freilich auch und insbesondere die Risiken in den Blick zu nehmen, die die Nutzung von KI im Rahmen von Online-Wahlhilfen mit sich bringen können.

Kostas Gemenis hat die Potenziale von KI für unterschiedliche Aspekte der Toolentwicklung und des Tooleinsatzes systematisch tariert (2024). Er sieht beispielsweise Potenzial, mithilfe von Textmining des auf Social Media geposteten Contents Themen und Thesen zu entwickeln, die seitens der Politik und journalistischer Medien eher unterbelichtet bleiben. Zudem erwähnt er den Einsatz von KI im Rahmen der Nutzung von VAAs, beispielsweise in Form von Chatbots, die zusätzliche Informationen bereitstellen. Hier gibt es tatsächlich bereits einige praktische Ansätze des Einsatzes von Chatbots sowie die wissenschaftliche Analyse ihrer wahrgenommenen Nützlichkeit (Kamoen und Liebrecht 2022). Auch bei der Festlegung von Partei- und Kandidatenpositionen könnte KI behilflich sein, wenn diese auf Social Media Daten zurückgreift. Wenn es um den Abgleich von Partei- und Nutzendenpositionen geht, vermag KI unterstützen und Algorithmen bereitzustellen. Schließlich kann auch bei der Verbreitung von VAAs unter bislang unterrepräsentierten Gruppen Künstliche Intelligenz hilfreich sein, indem insbesondere beim Social-Media-Marketing KI eingesetzt wird. Auch weitergehende Formen des Einsatzes von KI bei der Entwicklung von VAAs sind denkbar.

Gemenis sieht neben den Chancen auch Gefahren und Risiken in der Verwendung von KI im Rahmen der Entwicklung und Implementierung von digitalen Wahlhilfen. Es sind insbesondere zwei Risiken, die das Potenzial Künstlicher Intelligenz im Bereich der Online-Wahlhilfen relativieren. Zum einen stellt sich die Frage nach Verzerrungen in den Trainingsdaten, mit denen die KI gelernt hat. Es ist bekannt, dass Künstliche Intelligenz strukturelle Ungleichheiten und vorhandene Muster von Diskriminierung rekonstruieren kann (Adeoso et al. 2025). Zum anderen ist es der Aspekt der Transparenz kritisch, insbesondere dann, wenn sich die lernenden Algorithmen verselbständigen und sich der Kontrolle und Nachvollziehbarkeit entziehen. Intransparenz ist bei Tools der politischen Bildung, bei denen es um so wichtige Meinungs- und Entscheidungsprozesse wie Wahlen geht, besonders heikel.

Der Einbezug von Künstlicher Intelligenz in die Gestaltung, Verbreitung und Evaluation von VAAs eröffnet zwar letzten Endes neue Möglichkeiten, alten

Schwächen der Tools zu begegnen, wirft jedoch auch erhebliche ethische und methodische Fragen auf. Um die demokratische Funktion von VAAs wie dem Wahl--O-Mat zu sichern, bedarf es einer kontinuierlichen, wissenschaftlich fundierten und transparenten Reflexion und Weiterentwicklung dieser neuen Potenziale.

- Der Wahl-O-Mat ist ein populäres und etabliertes Instrument der politischen Bildung, das seit seinem ersten Einsatz bei der Bundestagswahl 2002 zu einem festen Bestandteil der Vorwahlöffentlichkeit in Deutschland geworden ist.
- Die Entwicklung von Wahl-O-Mat-Versionen erfolgt in einem mehrstufigen Prozess, an dem junge Menschen beteiligt sind.
- Im Laufe der Zeit hat sich die Nutzerschaft des Tools gewandelt und ist heute im Durchschnitt älter als zu Beginn; sie ist von Anfang an politisch interessiert und hoch gebildet gewesen.
- Der Wahl-O-Mat bietet eine ergiebige Datenquelle für Forschung, insbesondere zu Parteipositionen und der Nutzung von digitalen Angeboten der politischen Bildung.
- Die Zukunft des Wahl-O-Mat wird maßgeblich von sozio-politischen und technologischen Entwicklungen geprägt sein; dazu zählen die Dynamiken im Parteiensystem und Wahlverhalten sowie die Entwicklungen rund um Künstliche Intelligenz.

Literatur

Adeoso, M.-S., Berendsen, E., Fischer, L., & Schnabel, D. (2025). Code & Vorurteil. Über Künstliche Intelligenz, Rassismus und Antisemitismus. *Bundeszentrale für politische Bildung*.

Albertsen, A. (2022). How do the characteristics of voting advice application users change over time? Evidence from the German election studies. *German Politics*, 31(3), 399–419.

bpb.de (2013, Januar 10). Der Bundesminister des Innern Otto Schily – Erlass über die Bundeszentrale für politische Bildung (BpB)| Geschichte der Bundeszentrale für politische Bildung. bpb.de. https://www.bpb.de/die-bpb/ueber-uns/geschichte-der-bpb/152799/erlass-ueber-die-bundeszentrale-fuer-politische-bildung-bpb/. Zugegriffen am 17. November 2025.

Bräuninger, T., & Debus, M. (2024). Theorie und Empirie der Vergleichenden Koalitionsforschung: Stand und Ausblick. *Zeitschrift für Politikwissenschaft*, 34(4), 533–555.

Bräuninger, T., Debus, M., Müller, J., & Stecker, C. (2020). *Parteienwettbewerb in den deutschen Bundesländern*. Wiesbaden: Springer VS.

Chapel Hill Expert Survey. (o.J.). Chapel Hill Expert Survey. https://www.chesdata.eu. Zugegriffen am 17. November 2025.

Dassonneville, R. (2023). *Voters under pressure: group-based cross-pressure and electoral volatility*. Oxford University Press.

Dieing, T. I. (2025). Just can't get enough – profiling users of multiple Voting Advice Applications. *Journal of Information Technology & Politics*, Online First, 1–14. https://doi.org/10.1080/19331681.2025.2496259.

Ferreira da Silva, F., Reiljan, A., Cicchi, L., Trechsel, A. H., & Garzia, D. (2023). Three sides of the same coin? Comparing party positions in VAAs, expert surveys and Manifesto data. *Journal of European Public Policy*, 30(1), 150–173.

Garzia, D. & Marschall, S. (2014). The Lausanne Declaration on Voting Advice Applications. In D. Garzia & S. Marschall (Hrsg.), *Matching Voters with Parties and Candidates*.

Voting Advice Applications in a Comparative Perspective (S. 63–108). Colchester: ECPR Press.

Gemenis, K. & Van Ham, C. (2014). Comparing methods for estimating parties' positions in voting advice applications. In D. Garzia & S. Marschall (Hrsg.), *Matching Voters with Parties and Candidates. Voting Advice Applications in a Comparative Perspective* (S. 33–48). Colchester: ECPR Press.

Gemenis, K. (2024). Artificial intelligence and voting advice applications. *Frontiers in Political Science*, 6.

Graichen, R. (2021). *Was taugt der Wahl-O-Mat?* Baden-Baden: Nomos Verlagsgesellschaft.

Graichen, R., Linhart, E., Schuster, C., Heller, U. & Müller, A. (2021). Coalizer: a coalition tool combining office and policy motivations of political parties. *Journal of Information Technology & Politics*, 18(3), 274–292.

Graichen, R., Heller, U., Bhatia, M., & Lodha, S. (2024). Die Erklärungskraft von Wahl-O-Mat-Positionen für die Analyse von Koalitionsbildungen. *Zeitschrift für Vergleichende Politikwissenschaft*, 18(4), 567–591.

Hager, F., & Himmler, N. (2025). ARD/ZDF-Medienstudie 2025. https://www.ard-zdf-medienstudie.de/getFile.php?from=globalInformation&id=29. Zugegriffen am 17. November 2025.

Hanel, K., & Schultze, M. (2014). Analyzing the political communication patterns of Voting Advice Application users. *International Journal of Internet Science*, 9(1), 31–51.

Hooghe, L., Marks, G., & Wilson, C. J. (2002). Does left/right structure party positions on European integration? *Comparative Political Studies*, 35(8), 965–989.

Israel, J., Marschall, S., & Schultze, M. (2017). Cognitive dissonance and the effects of Voting Advice Applications on voting behaviour: Evidence from the European Elections 2014. *Journal of Elections, Public Opinion and Parties*, 27(1), 56–74.

König, P.D. & Nyhuis, D. (2020). Assessing the applicability of vote advice applications for estimating party positions. *Party Politics*, 26(4), 448–458.

Linhart, E. (2017). Politische Positionen der AfD auf Landesebene: Eine Analyse auf Basis von Wahl-O-Mat-Daten. *Zeitschrift für Parlamentsfragen*, 48(1), 102–123.

Linhart, E. (2023). Regierungsbildung und Regierungskoalition. In K.-R. Korte, M. Schiffers, A. von Schuckmann, & S. Plümer (Hrsg.), *Die Bundestagswahl 2021: Analysen der Wahl-, Parteien-, Kommunikations- und Regierungsforschung* (S. 597–622). Wiesbaden: Springer VS.

Linhart, E., & Shikano, S. (2015). Koalitionsbildung nach der Bundestagswahl 2013: Parteien im Spannungsfeld zwischen Ämter-, Politik- und Stimmenmotivation. In K.-R. Korte (Hrsg.), *Die Bundestagswahl 2013: Analysen der Wahl-, Parteien-, Kommunikations- und Regierungsforschung* (S. 457–484). Wiesbaden: Springer VS.

Manavopoulos, V., Triga, V., Marschall, S., & Wurthmann, L. C. (2018). The impact of VAAs on (non-voting) aspects of political participation: Insights from panel data collected during the 2017 German Federal Elections campaign. *Statistics, Politics and Policy*, 9(2), 105–134.

Manifesto Project Database. (o.J.). https://manifesto-project.wzb.eu/. Zugegriffen am 17. November 2025.

Marschall, S. (2022). Online-Wahlhilfen im digitalen Wahlkampf. *Aus Politik und Zeitgeschichte*, 10–11, 42–48.

Marschall, S., & Israel, J. (2014). Toy or Tool? Der Wahl-O-Mat als hybrides Angebot der politischen Bildung. *GWP – Gesellschaft. Wirtschaft. Politik*, 63(3), 365–378.

Marschall, S., & Schultze, M. (2012). Voting Advice Applications and their effect on voter turnout: The case of the German Wahl-O-Mat. *International Journal of Electronic Governance*, 5(3/4), 349–366.

Marschall, S., & Schultze, M. (2015). German e-campaigning and the emergence of a 'Digital Voter'? An analysis of the users of the Wahl-O-Mat. *German Politics*, 24(4), 525–541.

Massicotte, P., & South, A. (2025). rnaturalearth: World map data from Natural Earth (Version 1.1.0) [R package]. Comprehensive R Archive Network. https://CRAN.R-project.org/package=rnaturalearth.

Munzert, S., Barberá, P., Guess, A., & Yang, J. (2020). Do online voter guides empower citizens? Evidence from a field experiment with digital trace data. *Public Opinion Quarterly*, 84(3), 675–698.

Munzert, S., & Ramirez-Ruiz, S. (2021). Meta-analysis of the effects of Voting Advice Applications. *Political Communication*, 38(6), 691–706.

Kamoen, N., & Liebrecht, C. (2022). I need a CAVAA: How Conversational Agent Voting Advice Applications (CAVAAs) affect users' political knowledge and tool experience. *Frontiers in Artificial Intelligence*, 5, 1–15.

Niedermayer, O. (2020). Parteimitglieder in Deutschland: Version 2020. *Arbeitshefte aus dem Otto-Stammer-Zentrum, Nr. 31*; Berlin: Freie Universität Berlin 2020.

Niedermayer, O. (2025). Parteimitglieder in Deutschland: Version 2025. *Arbeitshefte aus dem Otto-Stammer-Zentrum, Nr. 33*; Berlin: Freie Universität Berlin 2025.

Schultze, M. (2014). Effects of Voting Advice Applications (VAAs) on political knowledge about party positions. *Policy & Internet*, 6(1), 46–68.

Sonnenberg, A.-K. (2024). Wahl-O-Mat beeinflusst Wahlentscheidung von 30 % der Nutzer etwas bis stark| YouGov. yougov.de. https://yougov.de/politics/articles/50409-wahl-o-mat-beeinflusst-wahlentscheidung-von-30-prozent-der-nutzer-etwas-bis-stark. Zugegriffen am 17. November 2025.

South, A., Michael, S., & Massicotte, P. (2024). rnaturalearthdata: World vector map data from Natural Earth used in 'rnaturalearth' (Version 1.0.0) [R package]. Comprehensive R Archive Network. https://CRAN.R-project.org/package=rnaturalearthdata.

Statistische Ämter des Bundes und der Länder. (2025). ZENSUS Datenbank. Personen ab 15 Jahren: Höchster Schulabschluss. https://ergebnisse.zensus2022.de/datenbank/online/statistic/2000S/table/2000S-1005. Zugegriffen am 17. November 2025.

Statistisches Bundesamt. (2024). Bevölkerung nach dem Gebietsstand und Durchschnittsalter 1990 bis 2023. https://www.destatis.de/DE/Themen/Gesellschaft-Umwelt/Bevoelkerung/Bevoelkerungsstand/Tabellen/bevoelkerungsstand-gebietsstand-werte.html. Zugegriffen am 17. November 2025.

Thomeczek, J. P., Jankowski, M., & Krouwel, A. (2019). Die politische Landschaft zur Bundestagswahl 2017: Befunde aus zwei Voting Advice Applications und dem Chapel Hill Expert Survey. In K.-R. Korte & J. Schoofs (Hrsg.), *Die Bundestagswahl 2017. Analysen der Wahl-, Parteien-, Kommunikations- und Regierungsforschung* (S. 267–291). Wiesbaden: Springer VS.

van de Pol, J., Holleman, B., Kamoen, N., Krouwel, A., & de Vreese, C. (2014). Beyond young, highly educated males: A typology of VAA users. *Journal of Information Technology & Politics*, 11(4), 397–411.

van Eimeren, V. B., & Frees, B. (2005). Nach dem Boom: Größter Zuwachs in internetfernen Gruppen. *Media Perspektiven*, 8/2005, 362–379.

Verba, S., Schlozman, K. L., & Brady, H. E. (1995). *Voice and equality: Civic voluntarism in American politics*. Harvard University Press.

Wagschal, U., & Waldvogel, T. (2023). Die Parteipositionen bei der Bundestagswahl 2021: Unterschiede und Überschneidungen in den Parteienprofilen? In K.-R. Korte, M. Schiffers, A. Von Schuckmann, & S. Plümer (Hrsg.), *Die Bundestagswahl 2021: Analysen der Wahl-, Parteien-, Kommunikations- und Regierungsforschung* (S. 257–278). Wiesbaden: Springer VS.

Weßels, B. (2024). Politisches Interesse und politische Partizipation | Sozialbericht 2024. bpb.de. https://www.bpb.de/kurz-knapp/zahlen-und-fakten/sozialbericht-2024/553361/politisches-interesse-und-politische-partizipation/. Zugegriffen am 17. November 2025.

Wolf-Doettinchem, L. (2025, Januar 28). Entscheidet der Wahl-O-Mat die Wahl? Vor allem Junge wollen ihn nutzen. stern.de. https://www.stern.de/politik/deutschland/wahl-o-mat-vor-dem-start%2D%2Dwieviele-deutschen-ihn-nutzen-wollen-35415844.html. Zugegriffen am 17. November 2025.

Wurthmann, C. L., Hagemann, D. C., & Marschall, S. (2026). Low education – low impact? The effects of Voting Advice Applications on an underexposed segment of users. *Politics & Governance*, Online First, 1–20. https://doi.org/10.17645/pag.11087.

Wurthmann, L. C., & Marschall, S. (2023). Kommunikation und Komplexität politischer Informationssuche in der Pandemie. In K.-R. Korte, M. Schiffers, A. von Schuckmann, & S. Plümer (Hrsg.), *Die Bundestagswahl 2021: Analysen der Wahl-, Parteien-, Kommunikations- und Regierungsforschung* (S. 207–231). Wiesbaden: Springer VS.